O Grande Livro das Orações
Para Todos os Fins

Cleuza M. Veneziani Costa

O Grande Livro das Orações
Para Todos os Fins

MADRAS®

© 2023, Madras Editora Ltda.

Editor:
Wagner Veneziani Costa (*in memoriam*)

Produção e Capa:
Equipe Técnica Madras

Revisão:
Maria Cristina Scomparini

Dados Internacionais de Catalogação na Publicação (CIP)
(Câmara Brasileira do Livro, SP, Brasil)

Costa, Cleuza M. Veneziani
O grande livro das orações : para todos os fins / Cleuza M. Veneziani Costa. – 14. ed. – São Paulo : Madras, 2023.

ISBN 978-85-370-0409-8

1. Orações
I. Título.
08-07175 CDD-242.8

Índices para catálogo sistemático:
1. Orações : Literatura devocional : Cristianismo
242.8

Proibida a reprodução total ou parcial desta obra, de qualquer forma ou por qualquer meio eletrônico, mecânico, inclusive por meio de processos xerográficos, incluindo ainda o uso da internet, sem a permissão expressa da Madras Editora, na pessoa de seu editor (Lei nº 9.610, de 19.2.98).

Todos os direitos desta edição reservados pela

MADRAS EDITORA LTDA.
Rua Paulo Gonçalves, 88 – Santana
CEP: 02403-020 – São Paulo/SP
Tel.: (11) 2281-5555 – (11) 98128-7754
www.madras.com.br

Índice
(Em ordem alfabética)

Apresentação **14**

1. Orações para Todos os Dias, para o Cotidiano Cristão
Antes das Refeições 25
Ao Deitar 27
Ao Levantar 22
Ato de Caridade 20
Ato de Contrição – I 20
Ato de Contrição – II 21
Ato de Esperança 20
Ato de Fé 19
Ave-Maria 16
Creio 18
Creio, Senhor 28
Depois das Refeições 25
Eu Confio em Deus 29
Glória ao Pai 18
Oferecimento do Dia 24
Oração da Manhã – I 23
Oração da Manhã – II 24
Oração da Noite – I 25
Oração da Noite – II 26
Pai-Nosso 16
Salve-Rainha 19

2. Salmos. Milenar Ponte para o Infinito, Caminho para Deus, Que nos Escuta e nos Ampara
Aclamai o Senhor 39
Desejo de Deus 36
Deus me Guarda 38

Escutai-me, Senhor 35
Eu Confio em Deus 32
Louvai o Nome do Senhor 40
Louvai o Senhor 37
Súplica na Aflição 33
Vou Cantar para o meu Senhor 34

3. Orações Diversas para a Santíssima Trindade
Cristo em nossa Vida 45
Hino ao Espírito Santo 52
Livrai-nos dos Pecados 46
Louvor a Deus Pai 43
Novena do Divino Espírito Santo 49
Oração 50
Oração à Chaga do Ombro de Jesus 47
Oração a Deus Pai 42
Oração ao Divino Espírito Santo 51
Oração ao Espírito Santo 50
Oração ao Senhor do Bonfim 48
Oração ao Senhor dos Passos 49
Oração do Sagrado Coração de Jesus 44

4. Orações a Maria Santíssima
Ato de Desagravo a Nossa Senhora de Fátima ... 72
Consagração a Nossa Senhora 93
Ladainha do Imaculado Coração de Maria 94
Oração a Nossa Senhora Aparecida – I 56
Oração a Nossa Senhora Aparecida – II 57
Oração a Nossa Senhora da Boa Morte 58
Oração a Nossa Senhora da Cabeça – I 61
Oração a Nossa Senhora da Cabeça – II 62
Oração a Nossa Senhora da Conceição 67
Oração a Nossa Senhora da Glória 74
Oração a Nossa Senhora da Guia 76
Oração a Nossa Senhora da Medalha Milagrosa 82
Oração a Nossa Senhora da Penha 86

Índice

Oração a Nossa Senhora da Salete ... 90
Oração a Nossa Senhora da Saúde ... 91
Oração a Nossa Senhora das Dores ... 69
Oração a Nossa Senhora das Graças ... 73
Oração a Nossa Senhora das Vitórias ... 92
Oração a Nossa Senhora de Fátima ... 71
Oração a Nossa Senhora de Guadalupe ... 75
Oração a Nossa Senhora de Ibiaçá ... 77
Oração a Nossa Senhora de Lourdes ... 79
Oração a Nossa Senhora de Lujan ... 80
Oração a Nossa Senhora de Nazaré ... 85
Oração a Nossa Senhora do Bom Parto – I ... 59
Oração a Nossa Senhora do Bom Parto – II ... 60
Oração a Nossa Senhora do Caravaggio ... 63
Oração a Nossa Senhora do Carmo – I ... 64
Oração a Nossa Senhora do Carmo – II ... 65
Oração a Nossa Senhora do Carmo – III ... 66
Oração a Nossa Senhora do Desterro ... 68
Oração a Nossa Senhora do Monte Serrate ... 81
Oração a Nossa Senhora do Perpétuo Socorro ... 86
Oração a Nossa Senhora do Rosário – I ... 87
Oração a Nossa Senhora do Rosário – II ... 88
Oração a Nossa Senhora do Rosário – III ... 89
Oração a Nossa Senhora dos Impossíveis ... 78
Oração a Nossa Senhora dos Navegantes ... 84
Oração a Nossa Senhora Estrela do Mar ... 70
Oração a Nossa Senhora Medianeira ... 83
Súplicas e Invocações ao Imaculado Coração de Maria ... 97

5. Bênçãos

Bênção da Casa ... 102
Bênção da Saúde ... 111
Bênção de Escola ... 105
Bênção de um Objeto de Culto ... 108
Bênção do Pão ... 109
Bênção dos 15 Anos ... 110

Bênção dos Anéis de Formatura ... 100
Bênção para a Semeadura ou Plantação ... 113
Bênção para Casa de Comércio ... 104
Bênção para Local de Esporte ... 106
Bênção para Local de Trabalho ... 107
Bênção para os Animais ... 101
Bênção para outra Pessoa ... 108
Bênção para Roupas ... 110
Bênção para um Doente ... 105
Bênção para um Quarto de Casal ... 109
Bênção para um Veículo ... 114
Bênção para uma Criança "Arteira" ... 103
Bênção para uma Criança Doente ... 104
Para Pedir a Bênção ... 100

6. A Doença, a Dor Física, o Corpo Padecente
Ao Bom Pastor ... 116
Credo do Sofrimento ... 118
Oração do Enfermo ... 117
Prece da Cura e Proteção ... 119

7. Orações ao Anjo da Guarda
Oração ao Anjo da Guarda – I ... 122
Oração do Anjo da Guarda – II ... 124
Santo Anjo da Guarda ... 124

8. Orações para Diversas Circunstâncias e Várias Invocações
Oração ... 126
Oração ao Divino Espírito Santo ... 135
Oração às Almas ... 127
Oração às Almas Abandonadas ... 128
Oração às Almas do Purgatório – I ... 130
Oração às Almas do Purgatório – II ... 131
Oração da Criança – I ... 133
Oração da Criança – II ... 134

Índice

Oração da Boa Morte ... 132
Oração da Família ... 137
Oração da Fé ... 138
Oração da Mãe Cristã ... 140
Oração das Cinco Chagas ... 133
Oração das Mãos do Trabalhador ... 143
Oração do Alcoólatra ... 126
Oração do Estudante ... 136
Oração do Fumante ... 139
Oração do Reconhecimento ... 147
Oração do Viciado em Drogas ... 148
Oração para Pedir a Bondade ... 145
Oração para Pedir a Paz da Família ... 144
Oração para Pedir Proteção Contra a Seca ... 146
Oração pelas Vocações ... 149
Súplica de Mãe pela Família ... 142

9. Orações de Santos e Santas

Bênção de Santa Clara ... 173
Ladainhas de São José ... 198
Novena a Santa Marta ... 213
Oração Antiga de São Cristóvão ... 174
Oração a Frei Antônio de Sant'Ana Galvão ... 159
Oração ao Apóstolo São Tomé ... 237
Oração a Santa Catarina de Alexandria ... 170
Oração a Santa Clotilde ... 172
Oração a Santa Edwiges ... 177
Oração a Santa Escolástica ... 180
Oração a Santa Joana d'Arc ... 194
Oração a Santa Lúcia ou Santa Luzia ... 204
Oração a Santa Margarida ... 211
Oração a Santa Maria Madalena ... 207
Oração a Santa Rita de Cássia – I ... 226
Oração a Santa Rita de Cássia – II ... 227
Oração a Santa Rita de Cássia – III ... 228
Oração a Santa Teresinha do Menino Jesus – I ... 235

Oração a Santa Teresinha do Menino Jesus – II ... 236
Oração a Santa Zita ... 246
Oração a Santo Antão, Eremita – I ... 153
Oração a Santo Antão, Eremita – II ... 154
Oração a Santo Antônio – I ... 155
Oração a Santo Antônio – II ... 156
Oração a Santo Antônio – III ... 157
Oração a Santo Edmundo ... 176
Oração a Santo Emídio ... 179
Oração a Santo Expedito ... 181
Oração a Santo Isidoro ou Isidro ... 190
Oração a São Benedito – I ... 162
Oração a São Benedito – II ... 163
Oração a São Brás ... 165
Oração a São Cipriano ... 171
Oração a São Cosme e São Damião ... 173
Oração a São Cristóvão ... 174
Oração a São Dimas ... 175
Oração a São Gildásio ... 186
Oração a São Graciano ... 187
Oração a São Hugo ... 189
Oração a São Jerônimo – I ... 191
Oração a São Jerônimo – II ... 192
Oração a São Jerônimo – III ... 193
Oração a São João ... 194
Oração a São João Batista de La Salle ... 195
Oração a São José ... 197
Oração a São Judas Tadeu ... 200
Oração a São Lázaro ... 202
Oração a São Lucas ... 203
Oração a São Roque ... 230
Oração a São Sebastião – I ... 232
Oração a São Sebastião – II ... 233
Oração a São Valentim ... 238
Oração a São Vicente de Paulo – I ... 240
Oração a São Vicente de Paulo – II ... 241

Índice

Oração a São Vicente de Paulo – III 242
Oração de Sant'Ana 152
Oração de Santa Bárbara 160
Oração de Santa Catarina – I 168
Oração de Santa Catarina – II 168
Oração de Santa Catarina – III 169
Oração de Santa Helena 188
Oração de Santa Luzia 206
Oração de Santa Maria Madalena 212
Oração de Santa Mônica 218
Oração de Santa Prisciliana 224
Oração de Santa Rosália 231
Oração de Santa Verônica 239
Oração de Santo Amaro 152
Oração de Santo Elesbão e Santa Ifigênia 178
Oração de Santo Estêvão 180
Oração de Santo Onofre – I 219
Oração de Santo Onofre – II 220
Oração de Santo Onofre – III 221
Oração de São Bento – I 164
Oração de São Bento – II 164
Oração de São Caetano 166
Oração de São Camilo de Lélis 167
Oração de São Domingos 176
Oração de São Francisco de Assis – I 182
Oração de São Francisco de Assis – II 183
Oração de São Francisco da Penitência 184
Oração de São Gabriel 185
Oração de São João Batista 195
Oração de São Jorge – I 196
Oração de São Jorge – II 196
Oração de São Judas Tadeu 201
Oração de São Luís Gonzaga 205
Oração de São Manuel 208
Oração de São Marcos e São Manso 209
Oração de São Martinho 214

Oração de São Miguel Arcanjo – I 215
Oração de São Miguel Arcanjo – II 216
Oração de São Miguel Arcanjo – III 217
Oração de São Paulo 222
Oração de São Pedro 223
Oração de São Peregrino 224
Oração de São Rafael 225
Oração de São Roberto 229
Oração de São Simeão Estilita 234
Oração de São Vito 244
Oração para Pedir a Bênção de Santo Antônio 157
Responso de Santo Antônio 158

Dedicatória

escrita em 23/09/2007

"É morrendo que se nasce para a vida eterna!"

Edição *in memoriam* à minha Amada Mãe Cleuza Maria Veneziani Costa (23/05/1943 – 21/09/2007)... Fonte da minha vida, Berço de meu Espírito e de minha Alma...

É nossa VONTADE que seu espírito (Atman-Budhi) siga a sua evolução... Vá e leve a mesma essência de sua Luz, o mesmo brilho que aqui semeou. Fique tranquila e não se preocupe conosco, estaremos bem, pois tivemos o grande prazer de conviver com Você... De aprender com você... Amando-a e sendo Amados. E só quem foi amado por você sabe do que estou falando.

Mãe, você sempre foi a nossa Guardiã e agora, em espírito, é nossa Deidade (Kami).

Sua missão foi muito bem cumprida, Mãe. Você foi a minha Verdadeira Mestra na escola da vida e da espiritualidade, minha fonte de inspiração...

Corajosa e destemida, ensinou-nos a encarar os problemas de frente, assim como a vida.

Temos a mais absoluta certeza de que sua transição de passagem para esse outro mundo, essa outra dimensão, essa nova VIDA, será feita com muita Harmonia.

Leve essa Alegria, esse Sorriso mágico, que irradiava a todos à sua volta, para sua nova morada.

Transcenda!... Flua como um rio...

Nós te Amamos, Mãe, até Sempre!!!

"Uma vez que o amor é eterno, não é preciso temer a morte."

Do seu filho, Wagner Veneziani Costa.

Apresentação

É com a mais viva satisfação que apresento esta obra, fruto de meses de trabalho e de pesquisas.

Estou certo de que o nosso público acolherá com verdadeiro fervor esta honesta e bela obra, dirigida a todas as pessoas – não só cristãos, mas também adeptos de outras religiões – para rezar e meditar.

Foi dividida em nove capítulos para facilitar a consulta sobre Orações para todos os dias, Salmos, Orações diversas para a Santíssima Trindade, Bênçãos, Orações contra doenças, Orações ao Anjo da Guarda, Orações para diversas circunstâncias e várias invocações, Orações de Santos e Santas e muitas outras.

Acredito que conseguimos reunir em um só livro todas as orações de interesse permanente. Esta é, sem dúvida alguma, a maior coletânea de orações já publicada.

R. L.

1. Orações para Todos os Dias, para o Cotidiano Cristão

Pai-Nosso

Pai nosso, que estais no céu, santificado seja o Vosso nome, venha a nós o Vosso reino, seja feita a Vossa vontade, assim na terra como no céu. O pão nosso de cada dia nos dai hoje; perdoai-nos as nossas ofensas assim como nós perdoamos a quem nos tem ofendido e não nos deixeis cair em tentação, mas livrai-nos do mal.
Amém.

Ave-Maria

Ave, Maria, cheia de graça, o Senhor é convosco; bendita sois Vós entre as mulheres e bendito é o fruto do Vosso ventre, Jesus.
Santa Maria, Mãe de Deus, rogai por nós, pecadores, agora e na hora de nossa morte.
Amém.

Glória ao Pai

Glória ao Pai, ao Filho e ao Espírito Santo. Assim como era no princípio, agora e sempre, por todos os séculos dos séculos.
Amém.

Creio

Creio em Deus Pai todo-poderoso, criador do céu e da terra. E em Jesus Cristo, seu único Filho, Nosso Senhor, que foi concebido pelo poder do Espírito Santo; nasceu da Virgem Maria, padeceu sob Pôncio Pilatos, foi crucificado, morto e sepultado; desceu à mansão dos mortos; ressuscitou ao terceiro dia; subiu aos céus; está sentado à direita de Deus Pai todo-poderoso, donde há de vir a julgar os vivos e os mortos. Creio no Espírito Santo, na Santa Igreja Católica, na comunhão dos santos, na remissão dos pecados, na ressurreição da carne, na vida eterna.
Amém.

Salve-Rainha

Salve, Rainha, Mãe de misericórdia, vida, doçura, esperança nossa, salve! A Vós bradamos os degredados filhos de Eva; a Vós suspiramos, gemendo e chorando neste vale de lágrimas. Eia, pois, advogada nossa, esses Vossos olhos misericordiosos a nós volvei, e depois deste desterro mostrai-nos Jesus, bendito fruto do Vosso ventre, ó clemente, ó piedosa, ó doce sempre Virgem Maria.

V. Rogai por nós, Santa Mãe de Deus.
R. Para que sejamos dignos das promessas de Cristo.

Ato de Fé

Eu creio firmemente que há um só Deus, em três pessoas, realmente distintas: Pai, Filho e Espírito Santo, que dá o céu aos bons e o inferno aos maus, para sempre.

Creio que o Filho de Deus se fez homem, padeceu e morreu na cruz para nos salvar, e que, ao terceiro dia, ressuscitou.

Creio em tudo mais que crê e ensina a Santa Igreja Católica, Apostólica, Romana, porque Deus, verdade infalível, lho revelou.

E nesta crença quero viver e morrer.

Ato de Esperança

Eu espero, meu Deus, com firme confiança, que pelos merecimentos de meu Senhor, Jesus Cristo, me dareis a salvação eterna e as graças necessárias para consegui-la, porque Vós, sumamente bom e poderoso, haveis prometido a quem observar fielmente os Vossos mandamentos, como eu prometo fazer, com o Vosso auxílio.

Ato de Caridade

Eu Vos amo, meu Deus, de todo o meu coração e sobre todas as coisas, porque sois infinitamente bom e amável, e antes quero perder tudo do que Vos ofender.
Por amor de Vós amo meu próximo como a mim mesmo.

Ato de Contrição – I

Meu bom Jesus, crucificado por minha culpa, estou muito arrependido por ter feito pecado, pois ofendi a Vós que sois tão bom e mereci ser castigado neste mundo e no outro; mas perdoai-me, Senhor, não quero mais pecar.
Amém.

Ato de Contrição – II

Perdão, Senhor,
Embora bem-intencionado e cheio de boa vontade, nem sempre acertei em meu relacionamento humano...

Eu queria ser flor... e fui espinho.
Queria ser um sorriso... e fui mágoa.
Queria ser luz... e fui trevas.
Queria ser estrela... e fui eclipse.
Queria ser contentamento... e fui tristeza.
Queria ser amigo... e fui adversário.
Queria ser força... e fui fraqueza.
Queria ser o amanhã... e fui o ontem.
Queria ser paz... e fui guerra.
Queria ser vida... e fui morte.
Queria ser sol... e fui escuridão.
Queria ser a calma... e fui o tumulto.
Queria ser carinho... e fui rude.
Queria ser sobrenatural... e fui terreno.
Queria ser lenitivo... e fui flagelo.
Queria ser AMOR... e fui decepção.

Recebe, Senhor,
em tuas mãos de misericórdia e perdão infinito, o gosto amargo e contrito desta oração.

Ao Levantar

Ó Deus em três pessoas
O mundo governai,
As minhas grandes faltas,
Peço-Vos, perdoai.

Passou a noite escura,
O dia já raiou;
Começo o meu trabalho,
Com Deus que me criou.

Eu rendo glória ao Pai,
Ao Filho seu também,
Ao Espírito igualmente,
Agora e sempre.

Amém.

Oração da Manhã – I

No princípio deste dia,
Ao Senhor nós suplicamos,
Que em todas as nossas ações
Nos livre do pecado.

Modere a nossa língua,
Detenha a palavra ofensiva.
Sua mão nos guarde os olhos
Para não vermos coisas vãs.

Que tudo em nós seja puro,
Longe de nós a desordem,
Para que sobrevivamos sóbrios e possamos
Vencer a soberba do corpo.

Para que, no fim do dia,
Quando voltar a noite,
Vencedores do pecado,
Entoemos seu louvor,

Louvor a Deus Pai,
A seu Filho Unigênito,
Com o Espírito Consolador,
Agora e por todo o sempre.

Amém.

Oração da Manhã – II

Meu Deus, eu Vos adoro! Vós sois meu Criador, meu Redentor e meu Santificador: Pai, Filho e Espírito Santo.

Eu Vos agradeço de todo o coração pelo repouso da noite que passou; e agora, com minhas forças restauradas, estou disposto a começar um novo dia. Eu sei que me esperam trabalhos e sacrifícios, mas estou tranquilo porque sinto em mim a Vossa bênção e a Vossa proteção.

Virgem Maria, Mãe do Salvador, quero passar o dia de hoje sob o Vosso olhar de Mãe carinhosa.

Meu Anjo da Guarda, acompanhai-me, protegei-me e afastai para longe de mim todos os perigos do corpo e da alma.

Amém.

(Pai-Nosso, Ave-Maria, Glória ao Pai.)

Oferecimento do Dia

Ofereço-Vos, ó meu Deus, em união com o santíssimo Coração de Jesus, por meio do coração Imaculado de Maria, as orações, obras, sofrimentos e alegrias deste dia, em reparação das nossas ofensas e por todas as intenções pelas quais o mesmo divino Coração está continuamente intercedendo e sacrificando-se em nossos altares.

Antes das Refeições

Abençoai, Senhor, este alimento que recupera as nossas forças, para manter-nos no Vosso serviço.
Amém.

Depois das Refeições

Obrigado, Senhor, por este aumento que nos fortificou.
Fazei que nos sirvamos dele sempre com sobriedade.
Amém.

Oração da Noite – I

Que esta minha oração da noite eleve meu pensamento até Vós, meu Deus todo-poderoso, e que a Vossa bênção desça sobre mim e sobre toda a minha família.
Que o meu anjo da guarda vigie o meu sono para que as energias perdidas no trabalho voltem a meu corpo exausto, e amanhã de manhã eu possa levantar descansado, alegre e disposto, para recomeçar meus trabalhos.
Que o Senhor me abençoe e me guarde.
Que a Virgem Maria me dê a paz e um sono tranquilo.
Amém.

Oração da Noite – II

Meu Deus, mais um dia passou!
Eu Vos agradeço a saúde e a força que me destes neste dia.

Nem tudo foi fácil hoje! Sempre aparece alguma coisa para atrapalhar; mas, paciência! Dai-me sempre muita paciência, Senhor!

Eu também tive minhas falhas. Bem que poderia ter sido um pouco melhor. Perdoai-me, Senhor!

Meu Deus, ajudai-me para que amanhã eu seja um pouco melhor do que fui hoje.

Senhor, dai-me um sono tranquilo para recuperar as forças perdidas no trabalho deste dia.

Abençoai a minha família. Amém.

(Ato de contrição, Pai-Nosso, Ave-Maria, Glória ao Pai.)

Ao Deitar

Chegando ao fim do dia,
Sinto-me cansado.
Suplico ao Pai Celeste
O perdão do meu pecado.

O sono desta noite,
Por Vós abençoado,
Leve-me a outro dia
Feliz e descansado.

Ao Pai, eu peço a bênção;
Ao Filho, proteção.
O Espírito Divino
Aqueça-me o coração.

Amém.

Creio, Senhor

Creio, Senhor, mas aumentai a minha fé! Eu creio que a graça de Deus me dará força para suportar a doença, vencer a tristeza e suportar e superar o desânimo. Creio, Senhor, mas aumentai a minha fé!

Eu creio que Deus, com Seu poder infinito, me defenderá dos raios e das tempestades.

Creio, Senhor, mas aumentai a minha fé!

Creio que Deus me protegerá dos ladrões e assaltantes.

Creio, Senhor, mas aumentai a minha fé!

Eu creio que Deus me livrará de incêndios e acidentes!

Creio, Senhor, mas aumentai a minha fé!

Eu creio que Deus, em sua bondade, me perdoará os meus pecados.

Creio, Senhor, mas aumentai a minha fé!

Eu creio que Deus, no seu amor infinito, me ajudará a vencer o vício das drogas e da bebida.

Creio, Senhor, mas aumentai a minha fé!

Eu creio que Deus, Pai bondoso, me dará força para respeitar e amar todos os meus familiares.

Creio, Senhor, mas aumentai a minha fé!

Eu creio que Deus de bondade e de justiça está comigo para que eu possa suportar a ingratidão, a injustiça e a traição.

Creio, Senhor, mas aumentai a minha fé!

"Meu filho, quem crê será salvo! Vá em paz, a tua fé te salvou!"

Eu Confio em Deus

(Tradução livre)

Escutai, Senhor, a voz da minha oração,
Tende piedade de mim e ouvi-me.
Ó Senhor, eu busco a Vossa presença,
A minha fé Vos procura e o meu coração Vos quer falar.
Não escondais de mim o Vosso semblante.
Sou Vosso servo, não me rejeiteis.
Vós sois o meu amparo, não Vos afasteis de mim.

2. Salmos. Milenar Ponte para o Infinito, Caminho para Deus, Que Nos Escuta e Nos Ampara.

Eu Confio em Deus

(Salmo 26, vs. 7 a 14 – tradução livre)

Escutai, Senhor, a voz da minha oração,
Tende piedade de mim e ouvi-me.
Ó Senhor, eu busco a Vossa presença,
A minha fé Vos procura e o meu coração Vos quer falar.
Não escondais de mim o Vosso semblante.
Sou Vosso servo, não me rejeiteis.
Vós sois o meu amparo, não Vos afasteis de mim.
Nem me abandoneis, ó Deus, meu Salvador.
Se meu pai e minha mãe me abandonarem,
O Senhor me acolherá.
Ensinai-me, Senhor, os Vossos preceitos,
Guiai-me pelo caminho certo, desviai-me dos perigos.
Levantaram contra mim conversas e calúnias,
Desmascarai os mentirosos que me perseguem
Tenho a certeza de alcançar as alegrias do meu Salvador e meu Senhor.
Espera no Senhor e sê forte!
Fortalece teu coração e espera no Senhor.

Súplica na Aflição
(Salmo 30, vs. 10, 11, 23, 24 e 25 – tradução livre)

Tende piedade de mim, Senhor,
Porque vivo atribulado;
A tristeza me faz chorar,
O abatimento me aperta o coração.

A minha vida se consome na amargura
E os meus anos são uma triste agonia.
Minhas forças se esgotam na aflição,
Meus nervos não aguentam mais.

No meu desânimo tive vontade de exclamar:
"Fui rejeitado da Vossa presença, ó meu Deus!"
Mas não! Vós ouvis a súplica do meu coração.
E me atendereis bondosamente, aliviando a minha dor.
Confiai no Senhor vós todos servos seus!
Ele protege os que lhe são fiéis,
Mas castiga com vigor
Os soberbos e orgulhosos.

Animai-vos e sede fortes de coração
Todos vós que esperais no Senhor,
Porque Deus não desampara o aflito
Que nele espera e confia.

Vou Cantar para o meu Senhor
(Salmo 56, vs. 8 a 12)

Meu coração está pronto, meu Deus,
Está pronto o meu coração!
Vou cantar e tocar para Vós:

Desperta, minha alma, desperta!
Despertem, harpa e lira,
E irei acordar a aurora!

Vou louvar-Vos, Senhor, entre os povos,
Dar-Vos graças, por entre as nações!
Vosso amor é mais alto que os céus,
Mais que as nuvens a Vossa verdade.

Escutai-me, Senhor
(Salmo 142, vs. 1, 2, 10, 11 e 12)

Senhor, escutai minha prece,
Ó Deus, atendei a minha súplica!
Respondei-me, ó Vós, Deus fiel,
Escutai-me por Vossa justiça!

Escutai-me depressa, Senhor,
O Espírito em mim desfalece!
Não escondais Vossa face de mim!
Se o fizerdes, já posso contar-me
Entre aqueles que descem à cova!

Vossa vontade ensinai-me a cumprir,
Porque sois o meu Deus e Senhor!
Vosso Espírito bom me dirija
E me guie por terra bem plana.

Por Vosso nome, por Vosso amor,
Conservai, renovai minha vida!
Pela Vossa justiça e clemência
Arrancai a minha alma da angústia.

Desejo de Deus

(Salmo 63 – tradução livre)

Senhor, vós sois meu Deus!
Meu coração Vos deseja com ardor,
Minha alma tem sede de Vós
Como a terra seca tem sede de chuva.

Contemplo-Vos em pensamento,
Admiro Vosso poder e Vossa glória;
Meus lábios Vos glorificam.
Vinde reconfortar minha alma.

Eu vos bendirei por toda a minha vida;
Levanto minhas mãos para vos bendizer;
Eu Vos louvo com alegria no coração,
Minha oração me anima e fortalece.

Salmos

Louvai o Senhor

(Salmo 150)

Louvai o Senhor Deus no santuário,
Louvai-o no alto céu do Seu poder!
Louvai-o por seus feitos grandiosos,
Louvai-o em Sua grandeza majestosa!

Louvai-o com o toque da trombeta,
Louvai-o com a harpa e a cítara!
Louvai-o com a dança e o tambor,
Louvai-o com as cordas e as flautas!

Louvai-o com os címbalos de júbilo!
Louvai-o com os cimbalos sonoros!
Louve a Deus tudo o que vive e respira,
Tudo cante os louvores do Senhor!

Deus me Guarda

(Salmo 120 – tradução livre)

Levanto os olhos para o céu,
É de lá que vem o meu socorro.
Meu socorro vem do Senhor,
Que fez o céu e a terra.

Deus não permitirá que eu caia,
Ele vigia e cuida de mim,
Ele não dorme e nem se descuida,
Mas me guarda constantemente.

O Senhor é meu amparo,
É a sombra que me protege;
O sol não me abrasará,
Nem a lua me molestará.

Que o Senhor me acompanhe por toda a vida,
Que ele guarde todos os meus passos,
Me livre de todo o mal,
Agora e sempre.

Amém.

Aclamai o Senhor

(Salmo 99)

Aclamai o Senhor por toda a terra,
Servi ao senhor com alegria,
Vinde alegres à sua presença!

Sabei que o Senhor é Deus,
Ele nos fez e a Ele pertencemos;
Somos seu povo, as ovelhas de seu rebanho.

Apresentai-vos diante de Deus dando graças,
Cantai seus louvores por toda a parte,
Glorificai e bendizei o seu nome.

Sim, porque o Senhor é bom,
Sua misericórdia não tem fim
E sua fidelidade se estende de geração em geração.

Louvai o Nome do Senhor

(Salmo 112)

Louvai, louvai, ó servos do Senhor,
Louvai, louvai o nome do Senhor.
Bendito seja o nome do Senhor,
Agora e por toda a eternidade!
Do nascer do sol até o seu ocaso,
Louvado seja o nome do Senhor!

O Senhor está acima das nações,
Sua glória vai além dos altos céus.
Quem pode comparar-se ao nosso Deus,
Ao Senhor, que no alto céu tem o seu trono
E se inclina para olhar o céu e a terra?

Levanta da poeira o indigente
E retira o pobrezinho do monturo,
Para fazê-lo assentar-se com os nobres,
Assentar-se com os nobres do seu povo.
Faz a estéril mãe feliz em sua casa,
Vivendo rodeada de seus filhos.

3. Orações Diversas para a Santíssima Trindade

Oração a Deus Pai

Ó Deus, verdade e força Que o mundo governais,
Da aurora ao fim do dia,
A terra iluminais.

De nós se afaste a ira, Discórdia e divisão.
Ao corpo dai saúde,
E paz ao coração.

Ouvi-nos, Pai bondoso,
Por Cristo Salvador,
Que vive com o Espírito
E convosco pelo amor.

Vinde, Espírito Santo,
Com o Filho e com o Pai,
Inundai a nossa mente,
Nossa vida iluminai.

Boca, olhos, mãos, sentidos,
Tudo possa irradiar
O amor que em nós pusestes
Para os outros inflamar.

A Deus Pai e a seu Filho,
Por vós, dai-nos conhecer
Que de ambos procedeis
Dai-nos sempre firmes crer.
Amém, Aleluia!

Louvor a Deus Pai

Ó esplendor do Pai,
Ó luz da luz divina,
Fonte de luz és dia
Que aos dias iluminas,
Sol da verdade eterna.
Fulgor jamais fanado
Infunde em nosso peito
O Espírito Sagrado.

Governa a nossa mente,
O corpo e o coração,
Concede fé ardente,
Amor e contrição.

Ao Pai e ao Filho glória,
Ao Espírito também,
Louvor, honra e vitória
Agora e sempre.

Amém.

Oração do Sagrado Coração de Jesus

Ó Divino Coração de meu Deus, Jesus Cristo!

Eu Vos adoro com todas as potências de minha alma, eu Vô-las consagro para sempre com os meus pensamentos, palavras, obras e todo o meu ser.

Tenho intenção de prestar-Vos atos de adoração, de amor e de glória semelhantes, quanto o que é possível, àqueles que Vós prestais ao Eterno Pai. Sede, eu Vos rogo, reparador dos meus erros, protetor da minha vida, o meu refúgio e asilo da minha morte.

Concedei-me, Senhor, pelos gemidos e amarguras em que por mim fostes submergido em todo o decurso de Vossa vida mortal, uma verdadeira contrição de meus pecados, o desprezo das coisas terrenas, um ardente desejo de glória eterna, uma verdadeira confiança nos Vossos infinitos merecimentos e a perseverança final da graça. Amém.

Orações a Maria Santíssima

Cristo em nossa Vida

Cristo, em nossos corações
Infundi a caridade.
Nossos olhos chorem lágrimas
De ternura e piedade.

Para Vós, Jesus piedoso,
Nossa ardente prece erguemos.
Perdoai-nos, compassivo,
Todo o mal que cometemos.

Pelo Vosso santo corpo,
Pela cruz, Vosso sinal,
Vosso povo, em toda a parte,
Defendei de todo o mal.

A Vós, Cristo, Rei Clemente,
E a Deus Pai, eterno Bem,
Com o Vosso Santo Espírito
Honra e glória sempre.

Amém.

Livrai-nos dos Pecados

Cristo, aos servos suplicantes
Voltai hoje Vosso olhar.
Entre as trevas deste mundo
Nossa fé fazei brilhar.

Não pensemos em maldades,
Não lesemos ninguém,
Nem o mal retribuamos,
Mas paguemos mal com bem.

Iras, fraudes, nem soberba
Haja em nossos corações.
Defendei-nos da avareza,
Que é raiz de divisões.

Guardai todos nós na paz
E na sincera caridade.
Seja casta a nossa vida,
Em total fidelidade.

A Vós, Cristo, Rei clemente,
E a Deus Pai, Eterno Bem,
Com o Vosso Santo Espírito,
Honra e glória sempre.

Amém.

Oração à Chaga do Ombro de Jesus

Ó amantíssimo e amabilíssimo Jesus, manso Cordeiro de Deus, apesar de ser eu uma criatura miserável e pecadora, Vos adoro e venero a Chaga causada pelo peso de Vossa Cruz, que, dilacerando Vossa carne, desnudou os ossos de Vosso ombro sagrado e da qual chaga Vossa Mãe Dolorosa tanto se compadeceu.
Também eu, ó amabilíssimo Jesus, me compadeço de Vós e do fundo do meu coração Vos louvo, glorifico-Vos, agradeço-Vos por essa Chaga dolorosa de Vosso ombro, em que quisestes carregar Vossa Cruz para a minha salvação.
Ah! pelos sofrimentos que padecestes e que aumentaram o enorme peso de Vossa Cruz, rogo-Vos com muita humildade: tende piedade de mim, pobre criatura pecadora, perdoai os meus pecados e conduzi-me ao céu pelo caminho da Cruz.
"Minha Mãe Santíssima, imprimi em meu coração as Chagas de Jesus Cristo Crucificado. Ó dulcíssimo Jesus, não sejais meu juiz, mas meu Salvador."
Amém.

(Rezam-se sete Ave-Marias.)

Oração ao Senhor do Bonfim

Senhor do Bom Fim, o céu e a terra são obras de Vossas mãos; o sol se obscurece ante a Vossa luz; e, contudo, as trevas deste mundo Vos rejeitam.
De braços abertos, pregados na cruz, exclamastes: "Tudo está consumado!"
A Vossa vida chegou ao fim. Foi um bom fim, porque lá onde findou a Vossa vida surgiu a vida da graça, do amor e do perdão para todos nós, pretos e brancos, ricos e pobres.
Bom Jesus, Senhor do Bom Fim, esclarecei a minha crença, fortalecei a minha fé, guiai-me pelo caminho luminoso da nossa santa religião católica.
Senhor do Bom Fim! Que Vosso sangue lave os meus pecados; que as Vossas dores aliviem os meus sofrimentos; que a Vossa morte garanta a minha vida na eternidade.

Amém.

Oração ao Senhor dos Passos

Meu Jesus, Senhor dos Passos, açoitado, coroado de espinhos, escarnecido e cuspido, condenado à morte, carregado com a cruz, caído por terra, pregado no madeiro, Vós sois a vítima das iniquidades!
Eu quero acompanhar os Vossos dolorosos passos, rumo ao Calvário, em cujo cimo se consumiu a Vossa vida, mas do Vosso sacrifício brotou a nossa salvação.
Senhor dos Passos, perdoai minhas maldades e apagai os pecados de todo o mundo.
Meu Jesus, Senhor dos Passos, tende piedade de nós. Amém.

Novena do Divino Espírito Santo

Vinde Espírito Santo, enchei os corações dos Vossos fiéis e acendei neles o fogo do Vosso amor.
    Enviai o Vosso Espírito, e tudo será criado.
    E renovareis a face da terra.

Oração

Deus, que iluminastes os corações dos Vossos fiéis com a luz do Espírito Santo, concedei-nos que o mesmo Espírito Santo instrua as nossas almas com a expressão de Sua verdade e as console sempre com as Suas delícias celestiais.
Por Cristo Nosso Senhor.

Amém.

Oração ao Espírito Santo

Espírito Santo, Vós que me esclareceis em tudo, Vós que iluminais todos os caminhos para que eu atinja o meu ideal, Vós que me dais o dom divino de perdoar e esquecer o mal que me fazem, quero, neste curto diálogo, agradecer-Vos por tudo e confirmar mais uma vez que jamais quero me separar de Vós, por maiores que sejam as tentações materiais. Pelo contrário, quero tudo fazer em prol da humanidade para que possa merecer a glória perpétua na companhia de meus irmãos.
Ó divino Espírito Santo, iluminai-me!

Amém!

Oração ao Divino Espírito Santo

Ó Espírito Santo!
Alma de minha alma, eu Vos adoro.
Esclarecei-me, guiai-me, fortificai-me, consolai-me, ensinai-me o que devo fazer, dai-me Vossas ordens! Prometo fazer tudo o que desejais de mim e aceitar sempre a Vossa vontade!
Ensinai-me ao menos conhecê-la.
Amém.

Hino ao Espírito Santo

Vinde, Espírito Santo!
Enviai um raio de luz
Que esclarece e conduz.

Vinde, Pai dos pobres!
Trazei-nos Vossa graça,
Que enriquecer nos faça.

Hóspede das almas,
Consolador amável,
Alívio inestimável.

Na fraqueza dai firmeza,
Na tristeza dai consolo,
No cansaço dai repouso.

Seja sempre iluminada,
Por Vossa luz bendita,
A alma que acredita.

Sem o Vosso auxílio,
O homem, desamparado,
Permanece no pecado.

Dobrai o orgulhoso,
De coração gelado,
Afastai-o do pecado.

Lavai a nossa alma,
Aumentai nosso fervor,
Aliviai a nossa dor.

Dai aos que confiam,
Na fé entusiasmados,
Os sete dons sagrados.

Dai por recompensa,
Ó mestre de bondade,
A eterna felicidade.

Amém, aleluia!

4. Orações a Maria Santíssima

Oração a Nossa Senhora Aparecida – I

Ó incomparável Senhora da Conceição Aparecida. Mãe de meu Deus, Rainha dos anjos, advogada dos pecadores. Refúgio e Consolação dos aflitos e atribulados! Ó Virgem Santíssima, cheia de poder e bondade, lançai sobre nós um olhar favorável para que sejamos socorridos em todas as necessidades em que nos acharmos.
Lembrai-Vos, Clementíssima Mãe Aparecida, que não consta que nenhum dos que têm recorrido a Vós, invocando o Vosso Santo Nome e implorando a Vossa singular proteção, tenha sido por Vós abandonado. Animado com esta confiança, a Vós recorro; tomo-Vos de hoje para sempre por minha mãe, minha protetora, minha consolação e guia, minha esperança, minha luz na hora da morte. Assim, pois, Senhora, livrai-me de tudo que possa ofender-Vos e a Vosso Santíssimo Filho, meu Redentor e meu Salvador, Senhor Jesus Cristo. Virgem Bendita, preservai este indigno servo, esta casa e a seus habitantes da peste, fome, guerra, terremotos, trovões, raios, tempestades e outros perigos e males que nos possam flagelar. Soberana Senhora, dignai-Vos livrar-nos da tentação do Demônio para que, trilhando pelo caminho da virtude, pelos merecimentos da Vossa Puríssima Virgindade e do Preciosíssimo Sangue de Vosso Filho, Vos vamos ver, amar, gozar da eterna glória por todos os séculos e séculos.
Amém.

Oração a Nossa Senhora Aparecida – II

Ó Virgem Maria, abençoada sois Vós pelo Senhor Deus altíssimo, entre todas as mulheres da terra.
Vós sois a glória de Jerusalém, a alegria de Israel, a honra do nosso povo.
Salve, ó Virgem, honra de nossa terra, a quem rendemos um culto de piedade e veneração, a quem chamamos com o belo nome de Aparecida. Quem poderia contar, ó doce Mãe, quantas graças, durante tantos anos, vós dispensastes ao povo brasileiro, compadecida de nossos males?
Quisemos cingir Vossa cabeça sagrada com uma coroa de ouro, que Vos é devida por tantos títulos; continuais a dobrar-Vos benignamente às nossas preces. Quando erguemos aos céus nossas mãos suplicantes, ouvi clemente os nossos rogos, ó Virgem; conservai nossas almas afastadas da culpa e, por fim, conduzi-nos ao céu.
Salvação, honra e poder Àquele que, uno e trino, nos fulgores de seu trono celeste, governa e rege todo o universo.
Nossa Senhora da Conceição Aparecida, rogai por nós.

Oração a Nossa Senhora da Boa Morte

Ó refúgio dos pecadores, ó Mãe dos agonizantes, não nos desampareis na hora da nossa morte, mas alcançai-nos dor perfeita dos nossos pecados e perdão de todas as nossas faltas.
A Vossa proteção nos obtenha naquele extremo momento a digna recepção do Santíssimo Viático e a fortaleza da Unção dos enfermos, a fim de que possamos apresentar-nos com confiança diante do justo, mas nosso Redentor.
Amparados por Vós cheguemos à bem-aventurança eterna onde Convosco louvaremos para sempre o Vosso Filho Divino que nos salvou.
Isto Vos pedimos por nós e por todos os nossos parentes, benfeitores e amigos. Mãe de misericórdia, não desprezeis nossas súplicas, mas ouvi-nos e atendei-nos.

(Rezam-se três Ave-Marias.)

Orações a Maria Santíssima

Oração a Nossa Senhora do Bom Parto – I

Ó Maria Santíssima, Vós, por um privilégio especial de Deus, fostes isenta da mancha do pecado original e, por causa desse privilégio, não sofrestes os incômodos da maternidade, nem ao tempo de gravidez nem no parto, mas compreendeis perfeitamente as angústias e aflições das pobres mães que esperam um filho, especialmente nas incertezas do sucesso ou insucesso do parto. Olhai para mim, vossa serva que, na proximidade do parto, sofro angústias e incertezas. Dai-me a graça de ter um parto feliz. Fazei que meu bebê nasça com saúde, forte e perfeito. Eu Vos prometo orientar meu filho sempre pelo caminho certo, o caminho que o Vosso Filho, Jesus, traçou para todos os homens, o caminho do bem.
Virgem, Mãe do Menino Jesus, agora me sinto mais calma e mais tranquila porque já sinto a Vossa maternal proteção.
Nossa Senhora do Bom Parto, rogai por mim!

Oração a Nossa Senhora do Bom Parto – II

Santíssima Virgem Maria, Nossa Senhora do
Bom Parto, a Vós recorro aflita e preocupada,
mas confiante em Vossa poderosa proteção.
Vede, estou esperando um filho.
Rogai por mim e por ele.
Velai pela minha saúde e pela saúde dele.
Nossa Senhora do Bom Parto, eu confio em Vós!
Permanecei ao meu lado até a hora do nascimento de
meu filhinho e, depois de nascido, acariciai-o
e beijai-o como fazíeis com Vosso filhinho,
o menino Jesus.
Nossa Senhora da Saúde, rogai por nós.
Consoladora dos aflitos, rogai por nós.
Nossa Senhora do Perpétuo Socorro, rogai por nós.
Nossa Senhora Mãe do menino Jesus, rogai por nós.
Nossa Senhora do Bom Parto, amparai-me e protegei-me;
abençoai e protegei meu nené.

Assim seja.

Orações a Maria Santíssima

Oração a Nossa Senhora da Cabeça – I

Salve Imaculada, Rainha da Glória, Virgem Santíssima da Cabeça, em cujo admirável título se fundam nossas esperanças, por serdes Rainha e Senhora de todas as criaturas.
REFÚGIO DOS PECADORES, ROGAI POR NÓS.
Esta jaculatória, repetida milhares de vezes em todo o universo, sobe ao trono de glória em que estais sentada e volta à terra, trazendo aos pobres pecadores torrentes de luzes e de graças.
Socorrei-me, pois, ó dulcíssima Senhora da Cabeça. Eu Vos suplico com filial confiança, pelos merecimentos das dores que sentis ao ver Vosso Divino Filho com a cabeça coroada de espinhos, que me livreis, e a todos os meus, de qualquer enfermidade da cabeça.
Rogo-Vos, também, ó Virgem Poderosíssima da Cabeça, que intercedais junto ao Bom Jesus, Vosso Dueto Filho, pelos que sofrem desses males, a fim de que, completamente curados, glorifiquem a Deus e exaltem
Vossa maternal bondade.
(Rezam-se um Pai-Nosso, Ave-Maria,
Glória e Salve-Rainha, acrescentando-se à jaculatória:
"Nossa Senhora da Cabeça, Rogai por nós".)

Oração a Nossa Senhora da Cabeça – II

Eis-me aqui, prostrado aos Vossos pés, ó mãe do céu e Senhora nossa! Tocai o meu coração a fim de que deteste sempre o pecado e ame a vida austera e cristã que exigis dos Vossos devotos.
Tende piedade das minhas misérias espirituais! E não Vos esqueçais também, ó Mãe terníssima, das misérias que afligem o meu corpo e enchem de amargura a minha vida terrena. Dai-me saúde e forças para vencer todas as dificuldades que me põe o mundo.
Não permitais que a minha pobre cabeça seja atormentada por males que me perturbem a tranquilidade da vida.
Pelos merecimentos do Vosso divino Filho,
Jesus Cristo, e pelo amor que a ele consagrais,
alcançai-me a graça que agora Vos peço (pede-se
a graça que se deseja obter).
Aí tendes, ó Mãe poderosa, a minha humilde súplica.
Se quiserdes, ela será atendida.

Nossa Senhora da Cabeça, rogai por nós.

Oração a Nossa Senhora do Caravaggio

Lembrai-Vos, ó puríssima Virgem Maria, que jamais se tem ouvido que deixásseis de socorrer e consolar a quem Vos invocou e visitou no Vosso santuário, implorando a Vossa proteção e assistência; assim, pois, animado com igual confiança, como a mãe amantíssima, ó Virgem das virgens, a Vós recorro, de Vós me valho.

Gemendo sob o peso dos meus pecados, humildemente me prostro a Vossos pés. Não rejeiteis as minhas súplicas, ó Virgem do Caravaggio, mas dignai-Vos ouvi-las propícia e me alcançar a graça que Vos peço.

Amém.

Oração a Nossa Senhora do Carmo – I

Ó Santíssima Imaculada Virgem Maria, ornamento e glória do Monte Carmelo,
Vós que velais tão particularmente sobre os
que trazem Vosso sagrado hábito, velai também bondosa sobre mim e cobri-me com o manto de Vossa maternal proteção. Fortalecei minha fraqueza com o Vosso poder e dissipai, com a Vossa luz, as trevas do meu coração. Aumentai em mim a fé, a esperança e a caridade. Ornai minh'alma com todas as virtudes, a fim de que ela se torne sempre mais amada de Vosso Divino Filho. Assisti-me durante a vida, consolai-me com a
Vossa amável presença na hora da morte e apresentai-me à Santíssima Trindade, como Vosso filho e fiel
servo Vosso, para que eu possa Vos louvar eternamente no céu.

Assim seja.

(Três Ave-Marias e um Glória ao Pai.)

Oração a Nossa Senhora do Carmo – II

Ó Bendita e Imaculada Virgem Maria, honra e esplendor do Carmelo! Vós que olhais com especial bondade para quem traz o Vosso bendito escapulário, olhai para mim benignamente e cobri-me com o manto de Vossa maternal proteção.
Fortificai minha fraqueza com o Vosso poder, iluminai as trevas do meu espírito com a Vossa sabedoria, aumentai enfim a fé, a esperança e a caridade.
Ornai minha alma com as graças e as virtudes que a tornem agradável ao Vosso divino Filho.
Assisti-me durante a vida, consolai-me na hora da morte com a Vossa amável presença e apresentai-me à Santíssima Trindade como Vosso Filho e servo dedicado; e, lá no céu, eu quero louvar-Vos e bendizer-Vos por toda a eternidade.
Nossa Senhora do Carmo, libertai as benditas almas do purgatório.

Amém.

(Três Ave-Marias e Glória ao Pai.)

Oração a Nossa Senhora do Carmo – III

Nossa Senhora do Carmo! A nuvem do profeta Elias, sobre o Monte Carmelo, regou a terra, revigorou toda a natureza e alegrou o povo de Deus.
Virgem Santíssima, Vós sois poderosa junto a Deus onipotente! Pelo Vosso escapulário espalhai uma chuva de graças sobre o povo de Deus.
Eu, debilitado por mil fraquezas físicas e morais, recorro a Vós! Estendei-me a Vossa mão bondosa: volvei para mim Vosso olhar maternal e dai-me ânimo, coragem e saúde do corpo e da alma.
Nossa Senhora do Carmo, socorrei as benditas almas do purgatório; não Vos esqueçais de minha alma quando eu também passar pelo purgatório; aliviai meus sofrimentos, abreviai o tempo de minha dolorosa purificação e apressai minha entrada na felicidade eterna do céu.

Nossa Senhora do Carmo, rogai por nós.

Oração a Nossa Senhora da Conceição

Virgem Santíssima, que fostes concebida sem pecado original e por isto mereceis o título de Nossa Senhora da Imaculada Conceição, e por terdes evitado todos os outros pecados o Anjo Gabriel Vos saudou com as belas palavras: "Ave, Maria, cheia de graça", nós Vos pedimos que nos alcanceis do Vosso divino Filho o auxílio necessário para vencermos as tentações e evitarmos os pecados; e, já que Vos chamamos de Mãe, atendei-nos com carinho maternal e ajudai-nos a viver como dignos filhos Vossos.

Nossa Senhora da Conceição, rogai por nós.

Amém.

Oração a Nossa Senhora do Desterro

De Belém ao Egito, com o menino recém-nascido escondido e apertado ao peito, por terras desérticas e desconhecidas, triste e silenciosa, seguindo os passos firmes de José... eis a Mãe do Filho de Deus a caminho do desterro.
Nossa Senhora do Desterro, olhai para nós Vossos filhos, apreensivos e inseguros, neste vale de lágrimas, a caminho da Pátria definitiva.
Depois deste desterro, ó Mãe carinhosa, mostrai-nos Jesus, bendito fruto do Vosso ventre, ó clemente, ó piedosa, ó doce sempre Virgem Maria.
Nossa Senhora do Desterro, acompanhai-nos na travessia do deserto da vida, até alcançarmos o oásis eterno, o céu.

Amém.

Oração a Nossa Senhora das Dores

Mãe de Deus, Senhora minha, imperatriz do Céu, dos anjos Rainha, aceitai esse limitadíssimo obséquio como tributo de um coração que deseja publicar por todo o mundo que o Vosso foi o mais penalizado e é o mais terno e compassivo que Deus criou.
E confiando nisto, minha doce Mãe, espero de Vós que tomeis conta da minha salvação, para que triunfando do mundo seus enganos e de meus inimigos, consiga de Vós as minhas causas justas, assim como depois da morte venha a gozar da ventura de Vos ver na eterna glória.
Amém.

Oração a Nossa Senhora Estrela do Mar

Ó Estrela do Mar, Mãe de Deus e nossa Mãe, Vós conheceis os perigos do corpo e da alma que ameaçam os marujos que cruzam os mares e oceanos. Protegei os navegantes e guardai os seus familiares que, ansiosos, ficam à sua espera.

Nossa Senhora Estrela do Mar, luz nas trevas, farol nas tempestades do mar, e arrimo nas borrascas da alma, orientai com segurança os navios em suas rotas.

Virgem Maria, Estrela do Mar, dai fé, esperança, saúde e amor aos navegantes. Não permitais que eles jamais se esqueçam de sua família. Guiai sua embarcação ao destino certo e, no fim da vida, recebei sua alma no porto seguro da eternidade.

Nossa Senhora Estrela do Mar, rogai por nós.

Oração a Nossa Senhora de Fátima

Santíssima Virgem, que nos montes de Fátima Vos dignastes revelar aos três pastorinhos os tesouros de graças que podemos alcançar, rezando o santo rosário, ajudai-nos a apreciar sempre mais esta santa oração, a fim de que, meditando os mistérios da nossa redenção, alcancemos as graças que insistentemente
Vos pedimos (pedir a graça).

Ó meu bom Jesus, perdoai-nos, livrai-nos do fogo do inferno, levai as almas todas para o céu e socorrei principalmente as que mais precisarem.

Nossa Senhora do Rosário de Fátima, rogai por nós.

Amém.

Ato de Desagravo a Nossa Senhora de Fátima

Rainha do Rosário, Santíssima Virgem Maria, movidos pelo ardente desejo de Vos amar como Mãe querida e promover uma terna devoção ao Vosso Imaculado Coração, tão transpassado de dor por causa das blasfémias e ingratidões dos homens da terra, aqui nos prostramos a Vossos pés. A Vós consagramos o nosso corpo, o nosso coração e todo o nosso ser, para repararmos com nossos obséquios e afeto tantos pecados com os quais Vossos filhos ingratos pagam as finezas do Vosso amor.

Invocações

Coração de Maria, Filha predileta de Deus Pai, criatura a mais nobre, mais sublime, mais santa, mais amável de todas quantas existem; coração digníssimo de toda a veneração e amor...
e contudo blasfemado pelos ímpios,
Rogai por nós pecadores.

Oração a Nossa Senhora das Graças

Eu Vos saúdo, ó Maria, cheia de graça! Das Vossas mãos voltadas para o mundo, as graças chovem sobre nós.

Nossa Senhora das Graças, Vós sabeis quais as graças que são mais necessárias para nós; mas eu vos peço, de maneira especial, que me concedais esta que Vos peço com todo o fervor de minha alma... (pedir a graça).

Jesus é Todo-poderoso e Vós sois a Mãe d'Ele; por isto, Nossa Senhora das Graças, confio e espero alcançar o que Vos peço.

Amém.

Oração a Nossa Senhora da Glória

Ó Virgem Bem-aventurada, louvada e querida de todos os Santos, rogai por mim, pecador,
ao Vosso precioso Filho.
Estrela dos anjos, formosura dos arcanjos e dos santos patriarcas, santíssima coroa dos mártires e das virgens, ajudai-me, senhora, naquela verdadeira hora de minha morte, para que possa ter ingresso minh'alma em Vossa preciosa morada.
Ó Bem-aventurada protetora dos cristãos, Virgem Santíssima, nas Vossas mãos, antes do sono, eu entrego minh'alma, extenuado de fadiga, e que Vosso santo Filho me ampare com a sua Santa Glória.
Livrai-me, mãe Santíssima, de meus inimigos;
que eles tenham olhos e não me vejam.
Que me procurem e não me encontrem.
Das maldades que o mundo tem como artifícios,
Livrai-me da morte inesperada, para que eu possa morrer em Vossa Glória.
Mãe misericordiosa, tende piedade de mim.

(Três Pais-Nossos e três Ave-Marias.)

Oração a Nossa Senhora de Guadalupe

Virgem Santíssima, Nossa Senhora de Guadalupe!

Nós Vós pedimos, ó Mãe do céu, abençoai e protegei os povos da América Latina para que todos nós, envolvidos pelo Vosso carinho maternal, nos sintamos mais perto de Deus, nosso Pai comum.

Nossa Senhora de Guadalupe, abençoados por Vós e amparados por Vosso divino filho Jesus, teremos força para alcançar a nossa libertação. Nós nos libertaremos da superstição, dos vícios, dos pecados e também da injustiça e da opressão que sofremos da parte dos prepotentes que exploram e dominam os seus semelhantes.

Ó Mãe de Jesus, nosso Salvador, atendei benigna a nossa oração.

Nossa Senhora de Guadalupe, padroeira da América Latina, rogai por nós.

Amém.

Oração a Nossa Senhora da Guia
(Para abrir caminhos e obter boa orientação em negócios)

A corte celestial perpetuamente canta Vossos louvores, ó Rainha dos anjos e dos santos, soberana, clemente e misericordiosa.
Sois o refúgio dos pecadores; por isso venho, contrito, pedir Vossa intercessão junto ao Vosso Filho, Nosso Senhor Jesus Cristo, perdão para os meus pecados, a graça de evitar os maus caminhos, que levam à perdição.
Suplico-Vos, Senhora, Vosso auxílio, na existência; Vossa proteção, em minhas atividades; Vosso amparo, em meus negócios; o favor de me abrir os olhos, a inteligência, a fim de que compreenda onde está a minha salvação, os recursos dos quais me servir para não ser malsucedido.
Afastai de mim os inimigos, os desonestos, os homens sem fé e sem caridade. Concedei-me boa disposição de alma e de corpo, para que possa dirigir meus interesses para que eu jamais recuse um auxílio aos que necessitam de pão e de socorro material ou espiritual.
Dai-me paciência, perseverança, destemor, diante dos obstáculos.
Dai-me, Senhora da Guia, Vosso amparo.
Assim seja.
Mãe Imaculada, rogai por nós.
Mãe Amável, rogai por nós.
Mãe Admirável, rogai por nós.
(Três Pais-Nossos, três Ave-Marias e uma Salve-Rainha.)

Oração a Nossa Senhora de Ibiaçá

Virgem Mãe querida,
Senhora Consoladora de Ibiaçá!
Eis-me aqui aos Vossos pés, cansado, doente e aflito.
Não encontro ao redor de mim nada que me alivie.
Sei que Vós ouvistes e atendestes a muitos devotos que vos imploraram, assim como eu também. Pequei, mas peço humildemente perdão ao bom Deus. Boa e Santa Mãe, escutai meus gritos de dor e angústia. Vinde para mais perto de mim e consolai-me.
A quantos já consolastes, ó Virgem piedosa e santa!
A uns, concedestes o favor que Vos pediram; a outros, destes a resignação na vontade de Deus.
Eu Vos peço, dai-me a graça de que tanto necessito.
Mas se o que Vos peço não for o melhor para mim, dai-me a graça da resignação na vontade
do Pai que sabe o que faz e serve para o meu
bem e minha salvação.
Nossa Senhora Consoladora de Ibiaçá, não desprezeis a minha súplica, mas atendei-me bondosamente.

Amém.

Oração a Nossa Senhora dos Impossíveis

Oração e Novena

Ó Santa Mãe de Deus, e também nossa Mãe, nós Vos veneramos com o sugestivo título de Nossa Senhora dos Impossíveis, porque sois Mãe de Deus, Virgem e Mãe Imaculada Conceição, privilégios estes que não foram concedidos a nenhuma outra criatura, mas somente a Vós. Ó Virgem bendita e bondosa, Mãe de Deus e nossa Mãe, humildemente Vos pedimos: socorrei os que passam fome e vivem na miséria, curai os doentes de corpo e de espírito, fortalecei os fracos, consolai os aflitos, pedi pelas vocações sacerdotais e religiosas e transformai as famílias em santuários vivos de fé e caridade, no seio da Igreja.
Pedi pelo Papa, pelos bispos e por todas as autoridades civis, militares e eclesiásticas, para que governem com justiça e amor.
E agora, ó Senhora dos Impossíveis, olhai para nós que fazemos esta novena e alcançai-nos de Jesus, Vosso divino Filho, as graças que agora suplicamos (aqui, pedem-se as graças desejadas).
(Pai-Nosso, Ave-Maria, Glória ao Pai.)
Maria, Mãe de Deus, rogai por nós.
Maria, Virgem e Mãe, rogai por nós.
Maria, concebida sem pecado, rogai por nós.
Maria, Nossa Senhora dos Impossíveis, rogai por nós.

Amém.

Oração a Nossa Senhora de Lourdes

Ó Virgem Puríssima,
Nossa Senhora de Lourdes, que Vos dignastes
aparecer a Bernadette, no lugar solitário de uma gruta,
para nos lembrar que é no sossego e
recolhimento que Deus nos fala e nós
falamos com Ele, ajudai-nos a encontrar o
sossego e a paz da alma que nos ajudem a
conservar-nos sempre unidos a Deus.
Nossa Senhora da gruta, dai-me a graça que
Vos peço e de que tanto preciso (pedir a graça).
Nossa Senhora de Lourdes, rogai por nós.

Amém.

Oração a Nossa Senhora de Lujan

Ó Virgem Santíssima de Lujan!
A ti recorremos neste vale de lágrimas, atraídos pela fé e pelo amor que tu mesma infundiste em nosso coração.
Ó Mãe querida! Alivia a nossa dor, consola as nossas angústias, dá-nos o pão material e o aumento espiritual para fortalecer o nosso corpo e a nossa alma.
Faze com que não nos falte um emprego estável e uma justa remuneração.
Elimina o ódio e o egoísmo do coração de todos os homens.
Virgem Santíssima de Lujan! Ilumina o nosso caminho para que, unidos na paz e fraternidade, com todos os irmãos da terra, continuemos a marcha gloriosa para a casa do Pai.
Abençoa, ó Mãe, a Argentina, cujos filhos cantam os teus louvores, agora e pelos séculos dos séculos.
Amém.

Oração a Nossa Senhora do Monte Serrate

"Bendita e louvada seja a Sagrada Paixão e Morte de Nosso Senhor Jesus Cristo, Rogai por nós, santo formoso dos anjos; Tesouro dos Apóstolos; Depósito da Arca da Aliança. Senhora, Santa Maria, mostrai-nos em tão belo dia a Vossa face gloriosa."
Esta oração foi achada no Santo Sepulcro de Jerusalém ao pé da imagem de Jesus.
Jesus Nosso Senhor disse: "Todo o que trouxer esta oração não morrerá de má morte, nem será ofendido por seus inimigos, não morrerá afogado, nem pelo fogo, nem com aflição, não será ofendido na guerra e sobretudo não morrerá sem confissão".
Mas é necessário ter muita fé, porque sem ela não há salvação nem milagre.

Oração a Nossa Senhora da Medalha Milagrosa

Ó Imaculada Virgem, Mãe de Deus e minha mãe! Ao contemplar-Vos de braços abertos, derramando graças sobre os Vossos devotos, cheio de confiança na Vossa poderosa intercessão, tantas vezes manifestada pela Medalha Milagrosa, embora reconhecendo a minha indignidade, por causa das minhas inúmeras culpas, aproximo-me dos Vossos pés para Vos expor as minhas grandes necessidades.

Concedei-me, ó Virgem da Medalha Milagrosa, a graça que Vos peço com grande fé e devoção.

Eu Vos peço também que exciteis em mim a coragem necessária para resistir aos vícios e pecados. Dai-me também força para cumprir todos os meus deveres de bom cristão.

Ó Maria concebida sem pecado, rogai por nós que recorremos a Vós. Amém.

Oração a Nossa Senhora Medianeira

Senhor Jesus Cristo, medianeiro nosso junto ao Pai, que Vos dignastes constituir Vossa Mãe, a santíssima Virgem Maria, também nossa Mãe e medianeira junto a Vós, concedei benigno que todo aquele que, suplicante, a Vós se dirigir se alegre de ter alcançado, por meio d'Ela, tudo o que pediu.

Vós que viveis e reinais, pelos séculos dos séculos.

Amém.

Oração a Nossa Senhora dos Navegantes

Ó Nossa Senhora dos Navegantes, Mãe de Deus, criador do céu, da terra, dos rios, lagos e mares, protegei-me em todas as minhas viagens. Que ventos, tempestades, borrascas, raios e ressacas não perturbem a minha embarcação e que monstro nenhum, nem incidentes imprevistos causem alteração e atraso à minha viagem nem me desviem da rota traçada.
Virgem Maria, Senhora dos Navegantes, minha vida é a travessia de um mar furioso. As tentações, os fracassos e as desilusões são ondas impetuosas que ameaçam afundar minha frágil embarcação no abismo do desânimo e do desespero.
Nossa Senhora dos Navegantes, nas horas de perigo eu penso em Vós e o medo desaparece; o ânimo e a disposição de lutar e de vencer tornam a me fortalecer. Com a Vossa proteção e a bênção de Vosso Filho, a embarcação da minha vida há de ancorar segura e tranquila no porto da eternidade.
Nossa Senhora dos Navegantes, rogai por nós.

Oração a Nossa Senhora de Nazaré

Ó Virgem Imaculada de Nazaré, fostes na terra criatura tão humilde a ponto de dizer ao arcanjo Gabriel: "Eis aqui a escrava do Senhor!". Mas por Deus fostes exaltada e preferida entre todas as mulheres para exercer a sublime missão de Mãe do Verbo Encarnado.
Adoro e louvo o Altíssimo que Vos elevou a essa excelsa dignidade e Vos preservou da culpa original.
Quanto a mim, soberbo e carregado de pecados, sinto-me confundido e envergonhado perante Vós. Entretanto, confiado na bondade e ternura do Vosso coração imaculado e maternal, peço-Vos a força de imitar a Vossa humildade e participar da Vossa caridade, a fim de viver unido, pela graça, ao Vosso divino Filho, Jesus, assim como Vós vivestes no retiro de Nazaré. Para alcançar essa graça, quero, com imenso afeto e filial devoção, saudar-Vos como o arcanjo São Gabriel:
Ave, Maria, cheia de graça...
Nossa Senhora de Nazaré, rogai por nós.

Amém.

Oração a Nossa Senhora da Penha
(Na hora de deitar-se)

Nesta cama me deito, desta cama me levanto, a Virgem Nossa Senhora me cubra com o seu manto. Se eu coberto com ele for, não terei medo nem pavor nem coisa que deste ou de outro mundo for.
(Pai-Nosso, Ave-Maria.)

Oração a Nossa Senhora do Perpétuo Socorro

Lembrai-Vos, ó puríssima Virgem Maria, que nunca se ouviu dizer que alguns daqueles que têm recorrido à Vossa proteção, implorando o Vosso auxílio e reclamando o Vosso socorro, fosse por Vós desamparado. Animado eu, pois, com igual confiança, a Vós, Virgem das virgens, como a mãe recorro, em Vós me acolho e, gemendo sob o peso de meus pecados, me prostro a Vossos pés.
Não desprezeis as minhas súplicas, ó Mãe do Filho de Deus humano, mas dignai-Vos de as ouvir propícia e de me alcançar o que Vos rogo.
Amém.

Oração a Nossa Senhora do Rosário – I

Nossa Senhora do Rosário, dai a todos os cristãos a graça de compreender a grandiosidade da devoção do santo rosário, no qual, à recitação da Ave-Maria, se junta a profunda meditação dos santos mistérios da vida, morte e ressurreição de Jesus, Vosso Filho e nosso Redentor.
São Domingos, apóstolo do rosário, acompanhai-nos com a Vossa bênção, na recitação do terço, para que, por meio desta devoção a Maria, cheguemos mais depressa a Jesus, e, como na batalha de Lepanto, Nossa Senhora do Rosário nos leve à vitória em todas as lutas da vida; por seu Filho, Jesus Cristo, na unidade do Pai e do Espírito Santo.

Amém.

Oração a Nossa Senhora do Rosário – II

Ó Rainha do Santíssimo Rosário, que nestes dias em que a impiedade levanta orgulhosamente a fronte, Vós nos apareceis adornada com os troféus das Vossas antigas vitórias, dignai-Vos, do alto do céu, onde reinais espalhando o perdão e a graça, nas duras provações dos tempos presentes, volver um olhar de bondade à Igreja do Vosso divino Filho, ao seu vigário na terra, ao clero e a todo o povo fiel.

Apressai, ó forte vencedora das heresias, a hora da graça e da misericórdia, apesar de as nossas muitas faltas provocarem a cólera de Deus em todos os momentos, antecipando assim a hora da Sua justiça.

E eu, o mais miserável de todos os pecadores, me prostro aos Vossos pés e Vos peço me alcanceis as graças de que necessito para viver santamente na terra e reinar um dia com os eleitos do céu. Esperando estas graças, eu Vos saúdo, dizendo com os fiéis do mundo inteiro:

"Rainha do Santíssimo Rosário, rogai por nós".

Oração a Nossa Senhora do Rosário – III

Onipotente Deus, nós Vos suplicamos
que atendais com benigno favor aos que celebram a solenidade do rosário da Beatíssima Virgem Maria,
Vossa Mãe, para que a contemplação dos seus
sagrados mistérios, acabada a vida presente,
nos mereça gozar os seus gloriosos frutos do Céu.
Por Nosso Senhor Jesus Cristo.

Amém.

Oração a Nossa Senhora da Salete

Lembrai-Vos, ó Nossa Senhora da Salete, das lágrimas que derramastes no Calvário.
Lembrai-Vos também dos angustiosos cuidados que tendes por mim para livrar-me da Justiça de Deus.
Depois de terdes demonstrado tanto amor por mim, não podeis me abandonar.
Animado por este pensamento consolador, venho lançar-me a Vossos pés, apesar de minhas infidelidades e ingratidões.
Não rejeiteis a minha oração, ó Virgem Reconciliadora, mas atendei-me e alcançai-me a graça de que tanto necessito.
Ajudai-me a amar a Jesus sobre todas as coisas.
Eu quero enxugar as Vossas lágrimas por meio de uma vida santa e assim merecer, um dia, viver Convosco e desfrutar a felicidade eterna do céu.

Amém.

Oração a Nossa Senhora da Saúde

Virgem puríssima, que sois a saúde dos enfermos, o refúgio dos pecadores, a consolação dos aflitos e a dispenseira de todas as graças, na minha fraqueza e no meu desânimo, apelo, hoje, para os tesouros da Vossa misericórdia e bondade e atrevo-me a chamar-Vos pelo doce nome de mãe.

Sim, ó Mãe, atendei-me em minha enfermidade, dai-me a saúde do corpo para que possa cumprir os meus deveres com ânimo e alegria, e com a mesma disposição sirva a Vosso Filho Jesus e agradeça a Vós, saúde dos enfermos.

Nossa Senhora da Saúde, rogai por nós.

Amém.

Oração a Nossa Senhora das Vitórias

Ó minha Mãe amorosíssima, Senhora das Vitórias, eis-me aqui aos Vossos pés para implorar o Vosso patrocínio. Não ignoreis a graça que com tanta confiança Vos imploro. Atendei às minhas súplicas. Se qualquer mãe aqui na terra acode solícita ao filho, não o fareis também Vós, ó Maria? Deixareis que triste e desatendido de Vós se aparte o Vosso filho?
Nem me objeteis, ó Senhora minha, que com as lágrimas que eu derramaria, melhor eu seria recompensado na vida futura.

Tão poderosa como sois, pela graça, bem podeis dispensar as angústias momentâneas do Vosso filho. Relevai-as, pois, sem prejuízo de minha salvação, excitando ao mesmo tempo em meu coração os sentimentos da mais piedosa gratidão e as chamas da mais ardente caridade, para que assim possa atingir a mais alta perfeição. Concedei-me, portanto, ó Mãe amorosíssima, a graça que Vos suplico.

Assim seja.

Consagração a Nossa Senhora

Ó minha Senhora e minha Mãe, eu me ofereço todo a Vós e, em prova de minha devoção para Convosco, Vos consagro neste dia meus olhos, meus ouvidos, minha boca, meu coração e todo o meu ser.
E já que sou Vosso, ó incomparável Mãe, guardai-me e defendei-me como propriedade Vossa.

Amém.

Ladainha do Imaculado Coração de Maria

Senhor, tende piedade de nós.
Jesus Cristo, tende piedade de nós.
Senhor, tende piedade de nós.
Jesus Cristo, ouvi-nos.
Jesus Cristo, atendei-nos.
Pai dos céus, que sois Deus, tende piedade de nós.
Filho Redentor do mundo, que sois Deus,
tende piedade de nós.
Espírito Santo, que sois Deus, tende piedade de nós.
Santíssima Trindade, que sois um só Deus,
tende piedade de nós.
Coração de Maria, Filha predileta de Deus Pai;
Coração de Maria, Mãe virginal de Deus Filho;
Coração de Maria, Esposa castíssima do Espírito Santo;
Coração de Maria, Tabernáculo da Santíssima Trindade;
Coração de Maria, concebido sem mancha de pecado;
Coração de Maria, tão semelhante ao de Jesus;
Coração de Maria, complacência do Coração de Jesus;
Coração de Maria, cheio de graça;
Coração de Maria, inflamado no amor divino;
Coração de Maria, sempre unido a Deus;
Coração de Maria, prodígio de pureza e inocência;
Coração de Maria, livre de todos os desejos terrenos;

Bênçãos

Coração de Maria, abismo de humildade;
Coração de Maria, sede de misericórdia;
Coração de Maria, exemplar perfeitíssimo de modéstia;
Coração de Maria, ornado de todas as virtudes;
Coração de Maria, espelho de todos os atributos divinos;
Coração de Maria, repleto de júbilo no nascimento de Jesus;
Coração de Maria, trespassado pela espada da
profecia de Simeão;
Coração de Maria, abismado num mar de amarguras na
Paixão de Jesus;
Coração de Maria, regozijado na ressurreição de Jesus;
Coração de Maria, inundado de doçura indivisível na
Ascensão de Jesus;
Coração de Maria, tesouro do Espírito Santo;
Coração de Maria, aflito pelos pecados do mundo;
Coração de Maria, amargurado pelas ingratidões
dos homens;
Coração de Maria, saúde dos enfermos;
Coração de Maria, consolação dos aflitos;
Coração de Maria, refúgio dos pecadores;
Coração de Maria, fortaleza dos justos;
Coração de Maria, causa da nossa alegria;
Coração de Maria, abrigo dos vossos protegidos;
Coração de Maria, esperança dos moribundos;
Coração de Maria, refrigério das almas do Purgatório;
Coração de Maria, delícia incomparável dos anjos e dos
santos;

Coração de Maria, recompensado com a honra e glória
do céu;
Coração de Maria, penhor das promessas de Jesus;
Coração de Maria, sinal de vitória da Igreja de Deus;
Coração de Maria, garantia da paz duradoura do mundo;
Coração de Maria, salvação dos povos;
Coração de Maria, penhor de aliança entre
Deus e os homens.

Cordeiro de Deus, que tirais os pecados do mundo,
Perdoai-nos, Senhor;
Cordeiro de Deus, que tirais os pecados do mundo,
Ouvi-nos, Senhor;
Cordeiro de Deus, que tirais os pecados do mundo,
Tende piedade de nós, Senhor;
Rogai por nós, Imaculado Coração de Maria;
Para que sejamos dignos das promessas de Cristo.

Oremos

Pai de misericórdia, Deus de toda a consolação, que enchestes o Sagrado e Imaculado Coração de Maria dos mesmos sentimentos de piedade e ternura para convosco, de que estava repleto o Coração de Jesus Cristo, Vosso Filho, concedei-nos que, venerando devotamente este Coração Virginal, alcancemos pelos seus merecimentos uma plena conformidade de sentimentos e desejos com o Sagrado Coração de Jesus, e nele perseveremos fielmente até a morte. Pelo mesmo Jesus Cristo, Senhor Nosso. Amém.

Súplicas e Invocações ao Imaculado Coração de Maria

Ó Coração Imaculado de Maria, venho aos Teus pés manifestar-te todas as necessidades da minha vida e da hora da minha morte.
Venho implorar o Teu maternal socorro para que me protejas em todas elas.
Venho ainda suplicar-Te pelas necessidades da minha família e da minha Pátria. Digna-Te, Mãe querida, escutar-me dos altos céus. Lembra-te, a meu favor, da Tua misericórdia e magníficas promessas.
Vem em meu socorro, ó Mãe de bondade! Em todas as minhas dificuldades.
Vem em meu socorro, ó Mãe de bondade! Nas minhas penas e misérias,
Contra as seduções do mundo,
Quando tiver a desgraça de pecar,
Quando for escravo de alguma paixão,
Quando cair em tristeza,
Quando me esquecer de recorrer a Ti,
Na obrigação de me confessar e comungar,
Para conservar ou recuperar a castidade,
Para adquirir a humildade,
Para ter paciência no meu trabalho,

Em todos os meus pensamentos, palavras e obras,
No cumprimento das minhas obrigações,
Quando me assaltar a tristeza,
Quando o mundo me perseguir,
Na pobreza e na desgraça,
Quando for humilhado ou contrariado,
Para conseguir a conversão das pessoas que estimo,
Quando cair em alguma enfermidade,
Quando estiver próximo a expirar,
Para morrer confortado com os Santos Sacramentos,
Ao deixar o derradeiro suspiro,
Quando for por Deus julgado,
Para Te servir e amar durante toda a minha vida.

Oração

Ó Maria, minha Mãe! Guia meus passos por toda a minha vida e, na hora da minha morte, acompanha a minha alma até a presença do Teu Filho, Jesus, de quem espero receber a coroa da vitória.
Maria, em Ti confio!
Tu és minha Mãe. Amém.

5. Bênçãos

Para Pedir a Bênção

Que a força poderosa da Santa Cruz de Jesus Cristo me ilumine, purifique-me, santifique-me e fortaleça-me no corpo e na alma.
Abençoem-me o Pai Todo-poderoso,
O Filho Redentor e o
Espírito Santificador.
Amém.

Bênção dos Anéis de Formatura

Ó Deus, que pela Vossa palavra santificais todas as coisas, derramai a Vossa bênção sobre estes anéis. Abençoai também aqueles que os usarem em seus dedos como atestado do grau de estudos que alcançaram, e ajudai-os para que, pelas suas atitudes e pelo seu trabalho profissional, possam manifestar também a Vossa sabedoria e a Vossa infinita bondade.
Por Nosso Senhor Jesus Cristo.
Amém.

Bênçãos

Bênção para os Animais

Oração

Senhor Deus, Vós sois o Criador de tudo o que vive e respira sobre a face da terra. Criastes os animais para que auxiliem o homem no seu trabalho (bois, cavalos) e para dar-lhe alimento (carne, leite, ovos, mel) e lhe servirem de companhia e diversão (cães, pássaros e outros animais).
Ó Deus Criador, nós Vos pedimos, abençoai os nossos animais e protegei-os da peste e dos parasitas (peste suína, aftosa, bicheiras, carrapatos, bernes, vermes), curai as suas doenças, tornai-os fortes e sadios para que cada um sirva à finalidade para a qual foi criado e nós, vossos filhos, criados à Vossa imagem e semelhança, nos alegremos e Vos rendamos graças e cantemos a Vossa glória juntamente com toda a criação.

Por Jesus Cristo, Vosso Filho.

Amém.
(Podem-se aspergir os animais com água benta.)

Bênção da Casa

Oração

Deus Pai Todo-poderoso, entrai neste lar e abençoai todos os que nele moram. Afastai desta casa o espírito do mal e enviai os Vossos santos anjos para guardá-la e defendê-la.
Reprimi, Senhor, as forças maléficas, venham elas das intempéries, dos homens ou do espírito maligno.
Seja esta casa preservada de roubos e assaltos e defendida contra incêndios e tempestades e que as forças do mal não perturbem o sossego da noite. Que a Vossa mão protetora paire dia e noite sobre esta casa e que a Vossa infinita bondade penetre nos corações de todos os que nela moram.
Que neste lar reinem a paz duradoura, a tranquilidade benfazeja e a caridade que une os corações. Que a saúde, a compreensão e a alegria sejam permanentes.
Senhor, que nunca falte o pão em nossa mesa, o alimento que dá energia ao nosso corpo e fortalece o nosso ânimo, e assim nos tornemos capazes de resolver todos os problemas, superar todas as dificuldades e cumprir as tarefas que as nossas obrigações diárias nos impõem.
Que esta casa seja abençoada por Jesus, Maria e José, em nome do Pai, do Filho e do Espírito Santo.
(Podem-se aspergir a casa e os quartos com água benta.)

Bênçãos

Bênção para uma Criança "Arteira"

Oração

Senhor, eu Vos recomendo o(a) menino(a) (nome). Que os maus instintos não encontrem lugar em seu coração. Que a explosão de suas energias não venha a causar tristezas aos pais, incômodo aos irmãos e antipatia aos colegas. Que as suas "artes" não causem prejuízo à sua saúde ou venham a prejudicar outras pessoas. Senhor, abri-lhe a inteligência para que possa entender os professores e progredir nos estudos. Que a malícia não venha a lhe perverter o coração, mas, pelo contrário, ele(a) se torne um(a) menino(a) bom(boa), equilibrado(a) e ajuizado(a); apoiado(a) pelo amor dos pais, estimulado(a) pelo carinho dos familiares e encorajado(a) pela amizade dos seus companheiros, possa vencer na vida.
Por Jesus Cristo Nosso Senhor.

Amém

Bênção para Casa de Comércio

Ó Deus, Pai da grande família humana, que desejais que todos os homens se tratem como irmãos e que dispusestes que os produtos da terra e todas as mercadorias sejam destinados ao proveito de todos os Vossos filhos, abençoai esta casa de comércio, centro distribuidor de bens de consumo; abençoai patrões, empregados e fregueses para que haja compreensão e mútua colaboração, a fim de que, afastada toda a injustiça e exploração, todos possam obter o justo proveito que desejam. Por Nosso Senhor Jesus Cristo. Amém.

Bênção para uma Criança Doente

Jesus, Vós que desfrutastes do amor humano na família de Nazaré, entre os cuidados e as carícias de Maria e José, abençoai esta criança enferma, aliviai-lhe as dores da doença, restituí-lhe a saúde e as forças físicas. Ordenai ao Anjo da Guarda que a proteja, anime e acompanhe para que, restabelecida em sua saúde, diante de Deus e dos homens, e confortada pelos carinhos de seus pais, seja a alegria do lar.

Por Nosso Senhor Jesus Cristo.
Amém.
(Asperge-se com água benta.)

Bênção para um Doente

Olhai, Senhor, para este Vosso servo, prostrado pela enfermidade e abatido em seu ânimo. Aceitai o seu sofrimento para purificar-lhe a alma. Não tardeis em restituir-lhe a saúde do corpo e a boa disposição de espírito a fim de que, reintegrado na família e na sociedade, possa voltar a desempenhar as suas atividades normais e, cheio de alegria, possa manifestar a sua gratidão pela graça recebida de Vossa imensa bondade.

(Pode-se aspergir com água benta.)

Bênção de Escola

Senhor Deus, que dissestes pelo apóstolo São Paulo que todos nós somos membros do mesmo corpo, tendo cada um a sua tarefa a cumprir para o bem-estar deste corpo, abençoai esta escola. Abençoai também os professores, alunos e funcionários que aqui se reúnem e trabalham para que eles tenham a graça e a força suficientes de cumprir fielmente a sua missão e a sua tarefa em benefício de toda a comunidade.

Por Nosso Senhor Jesus Cristo.

Amém

Bênção para Local de Esporte

Senhor Deus, vós que abençoais também o descanço e o lazer; abençoai este local de esportes, acompanhando com o Vosso olhar bondoso as competições das equipes que aqui se apresentam.

Fazei que, além do lazer e o desenvolvimento físico dos competidores, também haja entre todos o cultivo das virtudes de camaradagem, lealdade, amizade e fraternidade.

Por Nosso Senhor Jesus Cristo.
Amém

Bênção para Local de Trabalho

Nós Vos louvamos e Vos bendizemos, Senhor, por terdes dado ao homem a inteligência e a força para trabalhar.

Abençoai todos os que neste local de trabalho desenvolvem as suas atividades, para que usem as suas energias e as suas habilidades em espírito de caridade, fraternidade e compreensão para o bem de todos.

Nós Vos louvamos e Vos bendizemos, Senhor, por terdes aceitado o homem para Vosso colaborador na transformação do mundo, dos produtos e das mercadorias.

Abençoai a todos neste local, chefes e subalternos, para que sejam capazes de trabalhar em equipe, respeitando-se uns aos outros, sempre dentro do plano estabelecido por Vós que sois Deus, Criador do mundo e Pai de todos os homens.

Que a bênção de Deus desça sobre todos vós,

Em nome do Pai, do Filho e do Espírito Santo.
Amém.

Bênção de um Objeto de Culto

Senhor, abençoai este (terço, crucifixo, medalha...) e fazei que todos aqueles que dele se servirem para o culto sintam aumentada e fortalecida a sua fé e recebam de Vós as graças de que necessitam nesta terra em sua caminhada para o céu.
Em nome do Pai, do Filho e do Espírito Santo.
Amém.

Bênção para outra Pessoa

A bênção do Pai, o amor do Filho, a força do Espírito Santo, a proteção da Rainha do céu, a assistência dos anjos, a intercessão de todos os santos e as súplicas das benditas almas do purgatório estejam contigo e te acompanhem sempre e por toda a parte.
Amém.

Bênção do Pão

Senhor Jesus Cristo, Vós que sois o pão da vida, o pão que desceu do céu para dar vida aos homens; Vós que abençoando os pães restaurastes as energias de cinco mil pessoas e fortalecestes a sua fé, abençoai agora este pão e, pelo Vosso poder infinito, dai saúde a todos os que dele comerem e, pela Vossa graça, fortalecei o corpo e a alma de todos os Vossos fiéis.
Vós que viveis e reinais pelos séculos dos séculos. Amém.

Bênção para um Quarto de Casal

Oração

Ó Deus de amor abençoe este aposento e também o casal que nele reside. Que a felicidade do seu casamento se prolongue por toda a vida e o amor conjugal seja a fonte de energia que aquece os corações e fortaleça a vontade para a prática de tudo o que é correto e conforme a vontade do Criador.

A paz esteja sempre no coração deste casal e frutifique, gerando união, harmonia e compreensão entre os dois para que a alegria e o bem-estar não se afastem nunca deste lar.

A bênção do Pai, do Filho e do Espírito Santo permaneça sempre neste lar.

Amém.
(Pode-se aspergir o quarto com água benta.)

Bênção dos 15 Anos

Deus Todo-poderoso, Vós que sois a vida, a energia e a beleza dos nossos jovens, abençoai a jovem... que nesta data completa seus 15 anos de idade. Permanecei sempre ao seu lado e em seu coração, para que nunca se desvie do bom caminho. Dai-lhe muita sorte e muitas alegrias em sua vida.
Ó Deus, pedimos que a Vossa bênção desça também sobre seus pais e sobre toda a sua família.
Por Nosso Senhor Jesus Cristo. Amém.

Bênção para Roupas

Senhor Jesus Cristo, que curáveis doenças até pelo contato com a Vossa túnica, abençoai estas roupas e, por meio delas, fazei chegar a Vossa bênção à pessoa que vai usá-las para que seja curada da doença, do vício, da tentação e da inclinação para o mal.
Senhor Jesus, atendei este nosso pedido, Vós que sois Deus com o Pai e o Espírito Santo. Amém.
(Pode-se aspergir com água benta.)

Bênçãos

Bênção da Saúde

A minha proteção está nas mãos de Deus Pai, que fez o céu e a terra.
Senhor Jesus Cristo, ouvi minha oração.
Divino Espírito Santo, iluminai-me.
Virgem Santíssima, abençoai-me.
Ó DEUS PAI! Olhai para mim, Vosso servo, sujeito a enfermidades e oprimido por muitos outros problemas e dificuldades. Reconfortai meu corpo e minha alma a fim de que, purificado pelo sofrimento, me sinta fortalecido e encorajado por Vossa bondade.
Ó DEUS FILHO! Fazei entrar em minha alma a Vossa paz e a Vossa misericórdia. Afastai de mim toda a maldade dos demônios, e venham para me proteger os anjos, portadores de paz.
Manifestai em mim, Senhor Jesus, o poder de Vosso santo nome e abençoai-me, Vós que sois santo, bom e compassivo.
Ó DEUS ESPÍRITO SANTO! Sede-me propício e conservai-Vos a meu lado, para que, recobrando eu a saúde do corpo e da alma, possa render-Vos graças com a alma transbordante de paz e alegria.
PELO SINAL E PODER DA SANTA CRUZ, pela intercessão da Virgem Maria, o Senhor me abençoe e

proteja, olhe para o meu sofrimento e tenha pena de mim.

PELO SINAL E PODER DA SANTA CRUZ, Jesus, que aliviou os sofrimentos, curou as doenças, libertou os possessos do Demônio, afaste de mim todos os males e enfermidades.

PELO SINAL E PODER DA SANTA CRUZ, abençoe-me Jesus Cristo, com a Virgem Maria. Amém.

O SENHOR JESUS CRISTO esteja a meu lado para me sustentar.

Dentro de mim para me encorajar;
Diante de mim para me orientar;
Atrás de mim para me proteger;
Acima de mim para me abençoar, Ele que vive
e reina pelos séculos dos séculos. Amém.

Que a bênção da saúde desça sobre mim, em nome do Pai, do Filho e do Espírito Santo.

Amém.

Bênçãos

Bênção para a Semeadura ou Plantação

Oração

Senhor, é com a esperança de uma boa colheita que plantamos (trigo, milho, soja, sorgo, hortaliças, frutas) e regamos a lavoura com o suor do nosso rosto. Fecundai estas sementes e acompanhai o seu crescimento com a Vossa bênção, para que as doenças e pragas não diminuam a sua produção. Fazei que a chuva caia na exata medida e o sol apresse o seu desenvolvimento. Que as intempéries – vento, chuva de pedra, frio, enchentes e seca – não venham a prejudicar o seu crescimento e o seu fruto.

Assim como o povo de Israel pagava o dízimo com as primícias de seu vinho, trigo e azeite e também auxiliava os pobres e estrangeiros sem recursos, nós também, na colheita, prometemos ajudar a nossa comunidade e não esqueceremos os pobres.

Senhor, sustentai as nossas forças na canseira do plantio e dai-nos motivo de sorrir e cantar com uma abundante colheita.

Por Nosso Senhor Jesus Cristo, Vosso Filho.

Amém.

(Asperge-se a semente ou a plantação com água benta.)

Bênção para um Veículo

Senhor Deus, abençoai este veículo (caminhão, ônibus, auto, motocicleta); não permitais que seja envolvido em nenhum acidente de trânsito.
Dai ao motorista firmeza na direção, ajudai-o nas decisões rápidas e nas situações imprevistas e perigosas. Mandai do céu o Vosso santo anjo para que ele
acompanhe este veículo, guarde e proteja os seus passageiros de todos os riscos e livre as suas cargas de perdas e quebras.
Atendei-me, Senhor, pela intercessão de São Cristóvão e pelos méritos de Vosso Filho Jesus Cristo,
Nosso Salvador.

Amém.
(Pode-se aspergir o veículo com água benta.)

6. A Doença, a Dor Física, o Corpo Padecente

Ao Bom Pastor
(Oração do doente)

Ó Jesus, meu Bom Pastor, que aflito Vos fatigastes à procura da ovelha extraviada e ferida e que, ao encontrá-la, a apertastes contra o peito e a carregastes sobre os ombros e depois cuidastes das suas feridas; eis-me aqui, na Vossa presença.

Eu sou a ovelha ferida. Meu corpo sofre de grave enfermidade. Meu Bom Pastor! Sei que Vós podeis curar-me, porque tudo podeis. Se eu ficar curado, muito Vos agradeço; mas se quiserdes que eu fique assim, seja feita a Vossa vontade!

Eu sei que tendes um afeto especial pelas Vossas ovelhas feridas.

Eu quero corresponder ao Vosso amor, esquecendo a minha doença, e utilizar os membros que ainda posso movimentar, para praticar o bem e fazer tudo o que puder, para ajudar os meus irmãos a superar as suas dificuldades e os seus desânimos.

Amém.

Oração do Enfermo

Senhor, coloco-me diante de Ti em atitude de oração. Sei que Tu me vês e me ouves.
Olha para este meu corpo marcado pela enfermidade.
Tu sabes, Senhor, quanto me custa sofrer.
Sei que Tu não Te comprazes com o nosso sofrimento.
Dá-me, Senhor, força e coragem, para vencer os momentos de desespero e de cansaço. Torna-me paciente e compreensivo, simples e modesto.
Eu Te ofereço todas as minhas preocupações, angústias e sofrimentos, para que o meu interior se purifique.
Aceita, Senhor, que eu associe os meus sofrimentos aos de Teu Filho Jesus, que por amor aos homens deu a sua vida no altar da cruz.

Amém.

Credo do Sofrimento

Creio que Deus está próximo de todos os que sofrem por Ele.
Creio que Deus desde toda a Eternidade pesa e conta o número e gravidade das dores que encontra na minha vida, e me prepara em proporção graças e recompensas.
Creio que a dor é o que mais intimamente me une a Nosso Senhor e me torna semelhante a Ele.
Creio que a dor é um dos maiores benefícios que Deus pode conceder a uma alma.
Creio que a dor é uma das expiações mais eficazes do pecado e um dos mais preciosos dons que a alma pode fazer a Deus.
Creio que a dor suportada com resignação e amor tem maior mérito que qualquer boa obra.
Creio que a dor assinala à alma o caminho mais seguro e rápido para Deus.
Creio que a dor desprende, desilude, purifica, melhora e até conduz a alma à mais alta perfeição.
Creio que a dor, unida à de Jesus, é o meio mais fecundo para converter e salvar almas.
Creio que a dor nos torna mais humanos, mais compreensivos, mais justos e caridosos para com os outros.
Creio que a dor me ensina a manter-me humilde no mundo, desprendido das glórias, confiante nas adversidades.
Creio que só pode governar com proveito para si e para os outros quem de verdade souber sofrer.
Creio firmemente no que diz a Escritura:
"Sem derramamento de sangue não há Redenção".

Orações para Diversas Circunstâncias e Várias Invocações

Prece da Cura e Proteção

Deus Pai todo-poderoso, criador do céu e da terra, que deu a seu Filho, Jesus Cristo, um poder infinito sobre todas as coisas e forças que existem na terra, no espaço e no inferno, perdoe todos os nossos erros e pecados, livre-nos de nossos sofrimentos e tentações, angústias, desânimos e desesperos e tire a confusão de nossa cabeça. Pedimos também para afastar da nossa casa, e de nossos vizinhos e parentes, toda a inveja e falsidade e preservá-los de incêndios, arrombamentos e roubos.
Que Deus impeça toda ação diabólica do mau espírito contra as nossas famílias.
Que o nosso anjo da guarda vigie durante a noite para que tenhamos um sono tranquilo e reparador.
(Pai-Nosso, Ave-Maria, Glória ao Pai.)
Deus de infinita bondade e misericórdia, que pela Vossa palavra podeis curar doenças e enfermidades, pelo Vosso poder, dai saúde às pessoas que vos recomendamos (dizer o nome das pessoas ou famílias). Tende compaixão delas, restituí-lhes a saúde, a coragem, a tranquilidade e o gosto de viver, para que possam dar-Vos graças com a alma transbordante de paz e alegria.
Por Jesus Cristo, Nosso Senhor.

Assim seja.

7. Orações ao Anjo da Guarda

Oração ao Anjo da Guarda – I

Em nome do Pai, do Filho e do Espírito Santo.
Senhor Deus, Todo-poderoso, Criador do Céu e
da Terra,
Louvores Vos sejam dados por todos os séculos
 dos séculos.
Assim seja.
Senhor Deus, que por Vossa imensa bondade e infinita
misericórdia, confiastes cada alma humana a cada um
dos anjos de Vossa corte celeste, graças Vos dou por essa
imensurável graça. Assim, confiante em Vós e em meu
santo anjo da guarda, a ele me dirijo, suplicando-lhe
velar por mim, nesta passagem de minha alma,
pelo exílio da Terra.
Meu santo anjo da guarda, modelo de pureza e de amor
a Deus, sede atento ao pedido que vos faço. Deus, meu
Criador, o Soberano Senhor a quem servis com inflamado
amor, confiou à vossa guarda e vigilância a minha alma e o
meu corpo; a minha alma, a fim de não cometer ofensas a
Deus; o meu corpo, a fim de que seja sadio, capaz de
desempenhar as tarefas que a sabedoria divina me destinou,
para cumprir a minha missão na Terra.
Meu santo anjo da guarda, velai por mim, abri-me os
olhos, dai-me prudência em meus caminhos pela
existência. Livrai-me dos males físicos e morais, das

doenças e dos vícios, das más companhias, dos perigos, e, nos momentos de aflição, nas ocasiões perigosas, sede meu guia, meu protetor e minha guarda, contra tudo quanto me cause dano físico ou espiritual.
Livrai-me dos ataques dos inimigos invisíveis, dos espíritos tentadores.
Meu santo anjo da guarda, protegei-me.

(Rezar um Creio em Deus Pai, um Pai-Nosso e uma Ave-Maria.)

Oração ao Anjo da Guarda – II

Santo anjo do Senhor, meu zeloso guardador, se a ti me confiou a piedade divina, sempre me reja, guarde, governe, ilumine.

Amém.

Santo Anjo da Guarda

Santo anjo do Senhor, protegei-me, por favor. Dos perigos me livrai, minha alma consolai.

8. Orações para Diversas Circunstâncias e Várias Invocações

Oração

Concedei, Senhor, a Vossos servos, nós vo-lo pedimos, que gozemos sempre de saúde da alma e do corpo, e pela gloriosa intercessão da bem-aventurada sempre Virgem Maria, sejamos livres da tristeza presente e alcancemos a eterna alegria.
Por Cristo Nosso Senhor.

Amém.

Oração do Alcoólatra

Meu Deus! A minha fé se firma no poder superior de Vossa Divindade.
O Vosso poder superior contrasta com a minha fraqueza. Basta um copo de bebida para me derrotar e humilhar!
O pior é que o meu vício envergonha e faz sofrer toda a minha família.
Meu Deus, ajudai-me e socorrei-me!
Que a Vossa bondade infinita perdoe os meus fracassos, e a Vossa graça levante minha vontade e me torne capaz de vencer a tentação do álcool.
Nossa Senhora, refúgio dos pecadores e consoladora dos aflitos, rogai por mim e por todos os alcoólatras.

Amém.

Oração às Almas

Almas benditas do Senhor, vós que estais na intimidade de Deus nosso Pai e ansiosas aguardais a hora abençoada em que as portas do céu se abram para vós, ouvi a nossa súplica.

Vós, que no convívio com os homens experimentastes as angústias e as aflições desta terra e hoje estais na expectativa de gozar da mais plena felicidade da vossa união com Deus, pedi ao Pai alívio para os nossos sofrimentos e coragem para prosseguirmos em nossa caminhada para a casa do Pai.

Vós, que nesta vida colocastes vossa mão trêmula e fraca na mão forte e segura de Jesus Cristo, que caminhastes lado a lado com Ele através dos anos da vida terrestre e que hoje estais na feliz companhia do Nosso Salvador junto ao Pai, fazei que o coração de Jesus infunda confiança e paz em nosso coração e ilumine nosso espírito com sua divina sabedoria para que possamos caminhar tranquilos nas estradas tortuosas desta vida, até nos juntarmos a Vós no banquete celeste, com a Virgem Maria e com todos os santos.

Amém.

Almas santas e benditas, rogai a Deus por nós, que rogaremos a Deus por vós, alcançai para nós os favores que vos suplicamos... e que Deus vos dê repouso e luz eterna.

Amém.

Oração às Almas Abandonadas

Ó almas santas e benditas do purgatório!
Ó almas que passastes pelos sofrimentos e angústias da morte!
Ó almas dos afogados, queimados, torturados e fuzilados na guerra!
Ó almas dos meus parentes e amigos falecidos!
Ó almas dos assassinos, encarcerados e injustiçados!
Ó almas dos escravos e dos pagãos bem intencionados!
Ó almas esquecidas e abandonadas!
Ó almas santas e benditas do purgatório, que estais sofrendo e penando para alcançardes a purificação completa para depois entrar na vida eterna!

Almas santas e benditas, eu rogo e intercedo por vós diante de Jesus Cristo, o Salvador. Ó Jesus Cristo, pelo Vosso suor de
sangue, pela coroa de espinhos, pelos pregos nas mãos e nos pés, pelo golpe de lança em Vosso coração, pelo último suspiro na cruz, aliviai as dores e abreviai as
penas das almas santas e benditas do purgatório.

E vós, almas santas e benditas, vinde em meu auxílio, socorrei-me em minhas angústias.
Atendei ao meu pedido,
ajudai-me a resolver o meu problema. Pelo sangue de Cristo derramado na cruz, alcançai-me de Deus Pai a

graça de que tanto necessito. Por Maria, a Mãe das dores e Nossa Senhora do Monte Carmelo, a qual prometeu socorrer as almas e livrá-las do fogo do purgatório e atender às suas súplicas, alcançai-me a graça de que tanto necessito.

Amém.

Meu bom Jesus, perdoai-nos, livrai-nos do fogo do inferno, levai as almas todas para o céu e socorrei, principalmente, as que mais precisarem.

Amém.

Oração às Almas do Purgatório – I

Ó Deus, que usais de misericórdia e sempre estais disposto a perdoar, humildemente Vos pedimos que tenhais pena das almas dos fiéis defuntos enterrados no cemitério.
Não entregueis esses Vossos servos ao poder do inimigo, nem deles Vos esqueçais para sempre; mas ordenai aos Vossos santos anjos que os recebam e conduzam à pátria eterna, o Paraíso. E, já que em sua vida na terra confiaram em Vossa misericórdia, não permitais que eles venham a sofrer na mansão dos mortos, mas, ao contrário, fazei que a sua esperança se torne realidade, ao entrarem na posse da felicidade eterna.
Que as almas de todos os fiéis defuntos, pela misericórdia de Deus, descansem em paz.
Amém.
Dai-lhes, Senhor, o descanso eterno.
E a luz perpétua os ilumine.
Descansem em paz.
Amém.

Oração às Almas do Purgatório – II

Pai Eterno, eu Vos ofereço o sangue precioso de Nosso Senhor Jesus Cristo, para alívio das almas sofredoras, que ainda padecem no purgatório. Suplico a Vós, meu Deus e a Vosso Filho, Jesus Cristo o Salvador do mundo, que lhes devolvais a luz perdida.

E vós, almas santas e benditas, que sois tão poderosas, eu vos suplico, intercedei junto a Nosso Senhor Jesus Cristo, Redentor do mundo, pelos viventes sofredores desta terra, entre os quais eu também me encontro. Rogo-vos, benditas almas, que aceiteis a minha prece. Dai-lhes, Senhor, o descanso eterno, e a luz perpétua as ilumine.

Descansem em paz.
Amém.

Oração da Boa Morte

Divino Jesus, Filho de Deus encarnado, que pela nossa salvação Vos dignastes nascer em um estábulo, para passar Vossa vida na pobreza, na provação e na miséria e morrer cheio de dores pregado na cruz eu Vos suplico: dizei ao Vosso Pai celeste, no momento da minha morte: "Meu Pai, perdoai-lhe!" Dizei à Vossa Mãe querida: "Eis aí o vosso filho!" Dizei à minha alma: "Ainda hoje estarás comigo no Paraíso".
Meu Deus, meu Deus, não me abandoneis nessa hora! Tenho sede! Sim, Meu Deus, minha alma tem sede de Vós, que sois a fonte das águas vivas. Minha vida passa como uma sombra.
Ainda um pouco e tudo estará consumado!
E por isso, meu adorável Salvador, desde este momento, entrego a minha alma nas Vossas mãos, por toda a eternidade.
Jesus, Maria e José, dignai-Vos recebê-la.

Amém.

Oração das Cinco Chagas

Eis-me aqui, ó bom e dulcíssimo Jesus. De joelhos me prostro em Vossa presença, peço-Vos e suplico, com todo o fervor de minha alma, que Vos digneis gravar no meu coração os mais vivos sentimentos de fé, esperança e caridade, verdadeiro arrependimento de meus pecados e firme propósito de emenda, enquanto por mim próprio considero e em Espírito contemplo, com grande afeto e dor, as Vossas cinco chagas, tendo presentes as palavras que já o profeta Davi punha em Vossa boca, ó bom Jesus: "Transpassaram minhas mãos e meus pés. Contaram todos os meus ossos".
(Pai-Nosso, Ave-Maria, Glória ao Pai.)

Oração da Criança – I

Querido Deus, gosto muito de Você.
Gosto do papai, da mamãe,
dos meus irmãos e de todos os meus amigos.
Deus, obrigado pelos brinquedos,
pela escola, pelas flores,
pelos bichinhos e por todas as
coisas boas e bonitas que Você fez.
Quero que todas as crianças conheçam
e gostem de Você.
Obrigado, Deus, porque Você é muito bom.

Oração da Criança – II

Jesus, hoje quero pedir-Lhe uma porção de coisas, porque eu sei que Você sempre escuta a oração dos pequeninos.
Veja Jesus: eu sou ainda uma criança, mas faça com que eu cresça e seja gente de verdade, como papai e mamãe. Que eles sejam muito felizes; que eu os ame sempre; seja um filho obediente e, um dia, grande e bom como eles.
Proteja meus professores, pois me ensinam tanta coisa bonita! E me falaram que um dia Você disse: "Deixai vir a mim os pequeninos". Então, Jesus, acolha nos seus braços a mim, todos os meus coleguinhas e as crianças do mundo inteiro.
Que todas nós sejamos alegres e felizes e amanhã possamos fazer alguma coisa por aqueles que hoje fazem tanto por nós.
Jesus, eu Lhe peço: fique sempre conosco e abençoe, hoje e sempre, todas as crianças.

Oração ao Divino Espírito Santo

Ó Divino Espírito Santo, Espírito de amor e de verdade, autor da santificação de nossas almas, nós vos adoramos como o princípio e a fonte de nossa felicidade eterna. Muitas graças vos damos, soberano dispensador dos benefícios que do céu recebemos, e vos invocamos como a fonte das luzes e da fortaleza, que nos são necessárias, para conhecermos o bem e podermos praticá-lo. Ó Espírito de luz e fortaleza, alumiai o nosso entendimento, fortalecei a nossa vontade, purificai o nosso coração, regulai todos os nossos movimentos e fazei-nos dóceis a todas as vossas inspirações!
Ó Espírito consolador, aliviai as penas e os trabalhos que nos afligem neste vale de lágrimas; dai-nos conformidade e paciência, para que mereçamos fazer neste mundo penitência dos nossos pecados e gozar no outro a luz da eterna bem-aventurança.

Amém.

Oração do Estudante

Virgem Santíssima, Vós que sois a Sede de Sabedoria, ajudai-me nos meus estudos; abri a minha inteligência para que eu possa compreender e guardar na memória os ensinamentos dos professores.
Conservai a minha calma na hora do exame, fazei-me recordar a resposta certa e guiai a minha mão para que eu escreva o que devo escrever.
Fazei que eu seja aprovado, no fim do ano, para que eu possa dar alegria aos meus pais e a todos os que me ajudam nos estudos.
Nossa Senhora, não permitais que eu aprenda ou pratique coisas erradas ou repreensíveis, seja em aula ou fora dela, com maus companheiros, maus livros ou más revistas.
Virgem Santíssima, Sede de Sabedoria, rogai por nós.

Amém.

Orações para Diversas Circunstâncias e Várias Invocações

Oração da Família

Ó Deus, que criastes a natureza humana e instituístes e abençoastes a primeira família, abençoai agora esta nossa família: pai, mãe, filhos, irmãos... Não leveis em conta as nossas imperfeições, as nossas desinteligências, as nossas rixas e incompreensões. Tentaremos corrigir-nos e melhorar. Ajudai-nos a cumprir este nosso propósito.
Senhor, acompanhai-nos na luta diária, em casa, no trabalho e no estudo. Ficai conosco nas horas de descanso e de lazer.
Abençoai a nossa mesa e não permitais que falte o necessário para a alimentação e o vestuário.
Dai-nos saúde, Senhor.
Senhor, que nunca esmoreça a nossa fé.
Abençoai a nossa família.
Abençoai também todas as famílias do mundo.

Amém.

Oração da Fé

Senhor Deus, criador do céu e da terra! Poderoso é o Vosso nome, grande é a Vossa misericórdia!

Em nome de Vosso filho, Jesus Cristo, recorro a Vós, neste momento, para pedir bênçãos para a minha vida. Que Vossa Divina Luz incida sobre nós.

Com Vossas mãos retirai todo o mal, todos os problemas e todos os perigos que estejam ao meu redor.

Que as forças negativas que me abatem e entristecem se desfaçam ao sopro da Vossa bênção.

O Vosso poder destrua todas as barreiras que impedem o meu progresso. E do céu, Vossas virtudes penetrem no meu ser, dando paz, saúde e prosperidade. Abri, Senhor, os meus caminhos. Que meus passos sejam dirigidos por Vós para que eu não tropece na caminhada da vida. Meu viver, meu lar e meu trabalho, sejam por Vós abençoados.

Entrego-me em Vossas mãos poderosas, na certeza de que tudo vou alcançar.

Agradeço, em nome do Pai, do Filho e do Espírito Santo.

Amém.

"MEU FILHO, VAI EM PAZ! A TUA FÉ TE SALVOU!"

Oração do Fumante

Ó Deus, criador de todas as coisas, Vós destes ao homem a inteligência que o torna capaz de conhecer a natureza da flora e as qualidades da vegetação.
Destes também ao homem a vontade livre para aceitar o que é bom e rejeitar o que lhe faz mal.
Eu sei que o fumo prejudica a minha saúde, que fecha os meus pulmões, que ataca o meu coração, que desequilibra o meu sistema nervoso.
Mas a minha vontade é tão fraca!
Eu quero deixar o fumo e não posso!
Jesus, eu me lembro de suas palavras:
"Sem mim, nada podeis fazer."
Talvez eu esteja confiando só em mim, em vez de confiar em Vós.
São Paulo dizia: "Tudo posso n'Aquele que me conforta".
Então eu também, com Vossa ajuda, posso deixar de fumar.
Do enfarte do coração, livrai-me, Senhor!
Do câncer do pulmão, livrai-me, Senhor!
Do vício do fumo, livrai-me, Senhor!
De todo o pecado, livrai-me, Senhor!

Amém.

Oração da Mãe Cristã

Senhor da Vida, ao me escolherdes para a maternidade, Vós quisestes que eu participasse do Vosso poder e do Vosso amor. Eu Vos rogo pelos meus filhos. Sei que Vós também os amais com um amor muito maior, mais poderoso e mais puro do que o meu. Vós possuís para eles palavras silenciosas e forças suaves por mim desconhecidas. Vós estais com eles todas as horas e lhes perscrutais a mente e o coração. A Vós, pois, Senhor, confio a sua juventude inexperiente e ameaçada.
Senhor eu confio e me preocupo todos os dias ao ver como as tenebrosas potências do Demônio, do mundo e da carne insidiam a salvação de meus filhos.
Senhor, sede para eles o caminho, a verdade e a vida, o amigo verdadeiro que não atraiçoa na hora da dor.
Senhor, iluminai-lhes a vida, pois a existência sem fé é como um barco perdido na escuridão da noite, vagando por um mar encapelado.
Senhor, fazei com que meus filhos sejam puros, pois a flor do amor não desabrocha onde não há pureza.
Senhor, tornai-os honestos, laboriosos, sadios e amados como eu os desejo.
Ouvi, Senhor a minha prece de mãe. Ajudai-me a ser um genuíno exemplo de virtude e um guia seguro para meus

filhos nesta vida. Dai eficácia à minha palavra e força constante à minha ação.

Consolai-me, Senhor, nas angústias secretas do meu coração materno e nas preocupações incessantes pelo futuro de meus filhos.

Enfim, Senhor, conduzi mãe e filho do combate da terra à salvação do céu, de maneira que, unidos a Vós na eternidade, possam para sempre cantar a Vossa misericórdia infinita.

Amém.

Súplica de Mãe pela Família

Maria, Mãe de Jesus, a Vós dirijo, com profunda fé e grande devoção, a minha súplica: abençoai meu marido e meus filhos, e alcançai para eles a proteção dos santos.
Santa Maria, Mãe de Deus, rogai por nós. São José, pai adotivo, rogai por nós.
Santo anjo da guarda, rogai por nós.
Santa Maria Madalena, rogai por nós.
Santo Agostinho, rogai por nós.
Santa Mônica, rogai por nós.
(Santo do nome de cada filho), rogai por nós.
Todos os santos do céu, rogai por nós.
Virgem Santíssima, dai a toda a minha família paz, harmonia, amizade, amor, alegria, saúde e coragem nas provações.
De coração Vos peço esta graça; e tenho a certeza de alcançá-la, por Vossa intercessão e pelo poder de Vosso Divino Filho Jesus Cristo.

Amém.

Oração das Mãos do Trabalhador

Findou o dia, longo e cansativo.
Estou cansado.
Não tenho forças nem para juntar as mãos para rezar.
Estão caídas sobre os meus joelhos.
Senhor, olhai para o trabalho que minhas mãos realizaram em favor dos homens, meus irmãos. Durante todo o dia elas martelaram, apertaram, trituraram para ganhar o pão para os meus.
Dizei-me, ó Deus! Terá valor, aos Vossos olhos, este trabalho bruto das minhas mãos?
Acredito que sim.
Meu Deus, não permitais que jamais as minhas mãos causem sofrimento a alguém; que nunca abusem de sua força; que nunca agarrem o que não lhes pertença; que seu gesto seja de abrir-se para dar e nunca de fechar-se para reter.
Que elas nunca se recusem a apertar outra mão honesta que lhes é estendida, mas que nunca se prestem a firmar um pacto de infâmia e desonra.
Que as minhas mãos não se recusem ou cansem de indicar o caminho do bem, nem de apontar a estrada que leva até Vós, meu Deus.
Meu Deus, dai-me a Vossa bênção e um sono tranquilo.

Amém.

Oração para Pedir a Paz da Família

Meu Jesus, os profetas Vos anunciaram como príncipe da paz.
Os anjos anunciaram paz aos homens, por ocasião do Vosso nascimento. Morrestes na cruz para consolidar a paz entre Deus e os homens. "A paz esteja convosco", dissestes aos Apóstolos. E ordenastes: "Quando entrardes em alguma casa, dizei: a paz esteja nesta casa".
Senhor, fazei entrar a paz em nossa família. Que haja união, compreensão e amor.
Dai-me, especialmente a mim, o espírito de humildade e paciência para com meu esposo (esposa), amor e carinho para com meus pais e sogros, dedicação aos meus filhos e bondade para com todos de casa. Fazei que os irmãos se tratem como verdadeiros irmãos.
Ajudai-nos a conservar a paz na família, para merecermos a paz definitiva no céu.

Assim seja.

Oração para Pedir a Bondade

Senhor, vimos pedir-Te a paz, a sabedoria e a bondade.

Queremos olhar o mundo com os olhos cheios de amor.

Queremos ser pacientes e compassivos.

Queremos ver Teus filhos como Tu mesmo os vês.

E, por isto, não queremos ver senão o bem em todos.

Senhor, fecha nossos olhos a toda a maldade.

Guarda a nossa língua de toda a calúnia.

Que nossas palavras sejam só de bênçãos.

Que sejamos tão bondosos e alegres que todos os que se aproximarem de nós sintam a Tua presença.

Reveste-nos de Tua beleza, Senhor; e que, no decurso deste dia, nós Te revelemos a todos os nossos irmãos.

Amém.

Oração para Pedir Proteção Contra a Seca

Senhor, que apesar dos nossos pecados Vos compadeceis dos nossos sofrimentos, socorrei-nos na extrema aflição em que nos encontramos na presente seca. As lavouras estão ameaçadas, os campos ressequidos, falta água para os animais, escasseia a água potável. Só Vós, Senhor, com o Vosso poder infinito e a Vossa imensa bondade podeis socorrer-nos e consolar-nos. Outrora, por intermédio do profeta Elias, mandastes abundante chuva, para o povo de Deus, depois do castigo da seca.
Senhor, aceitai o sofrimento que já nos causou o flagelo da seca, como penitência dos nossos pecados, e, agora, não tardeis em socorrer-nos. Senhor, mandai a riqueza da Vossa chuva salvadora sobre a terra árida e poeirenta. Fazei reverdecer os nossos campos e as nossas plantações, fazei jorrar a água das fontes e entoaremos cânticos de agradecimento e louvor à Vossa imensa bondade.
Ó Deus, atendei as nossas súplicas, pela intercessão do profeta Elias e pelos méritos de Vosso Filho Jesus Cristo Nosso Senhor.

Amém.

Oração do Reconhecimento

É maravilhoso, Senhor, ter braços perfeitos, quando há tantos mutilados.
Meus olhos perfeitos, quando há tantos sem luz.
Minha voz que canta, quando tantas emudeceram.
Minhas mãos que trabalham, quando tantas mendigam.
É maravilhoso voltar para casa, quando há tantos desabrigados sem teto.
É maravilhoso ter Deus para crer, quando há tantos sem o consolo de uma crença.
É maravilhoso, Senhor, ter tão pouco a pedir e tanto para agradecer.

Amém.

Oração do Viciado em Drogas

Meu Deus, escutai-me! Tudo começou assim: tomei a primeira dose da droga por curiosidade. Foi uma brincadeira! Tomei outras doses para me mostrar independente e corajoso diante dos meus companheiros. Depois senti necessidade de outras doses e de fumar a erva maldita.
Quando tentei parar, já era tarde. Não tive mais forças.
E, agora, eis-me aqui, nervos estourados, desanimado, enfraquecido, doente, prostrado, escravo do vício.
E, agora, meu Deus, o que é que eu faço?
"Coragem, Meu filho! A fé remove montanhas e poderá arrancar-te das garras do vício e do pecado. Tem fé, e Eu te ajudarei!"
Sim, eu creio que para Vós, meu Deus, nada é impossível.
Por isto, meu Senhor, Jesus Cristo, a Vós recorro.
Socorrei-me, Senhor! Aumentai a minha fé, fortalecei a minha vontade, revigorai a minha coragem.
Dai-me forças para dizer: Não!
Não! à droga.
Não! ao vício.
Não! ao pecado.
Meu Deus, eu Vos peço, restabelecei a minha saúde, fortalecei a minha fé, ajudai-me a cumprir o meu propósito de evitar o vício e seguir o caminho do bem.
Meu Jesus, tende misericórdia de mim.

Amém.

Oração pelas Vocações

Jesus, Mestre divino, que chamastes os apóstolos a Vos seguirem, continuai a passar pelos nossos caminhos, pelas nossas famílias, pelas nossas escolas e continuai a repetir o convite a muitos de nossos jovens.
Dai coragem às pessoas convidadas.
Dai força para que Vos sejam fiéis como apóstolos leigos, como sacerdotes, como religiosos, para o bem do povo de Deus e de toda a humanidade.

Amém.

9. Orações de Santos e Santas

Oração de Santo Amaro

Nós Vos suplicamos, Senhor, que a intercessão do bem-aventurado Santo Amaro, abade, faça-nos agradáveis a Vossa Divina Majestade, para que, por suas rogativas, alcancemos o que não podemos por nossos merecimentos. Por Jesus Cristo Nosso Senhor.

Amém.

Oração de Sant'Ana

Vós, milagrosa Sant'Ana, que merecestes do Eterno ser escolhida para mãe da Mãe de Deus, vós que fostes a mulher forte de que trata o Livro da Sabedoria; guiai-me no caminho da vida que tenho de percorrer até chegar às portas da eternidade. Maria Santíssima, educada por vós, foi virgem prudentíssima, venerável, poderosa, benigna e fiel; foi a Mãe da Divina graça, puríssima, castíssima, imaculada, amável, admirável; foi o espelho da Justiça e foi o assento da Sabedoria. Que não serei eu, milagrosa Senhora, se merecer pela minha devoção para convosco, que me tomeis sob vossa proteção e ensineis o caminho da virtude e a estrada do céu? Rogo-vos, pois, Senhora, que não me abandoneis neste mundo para alcançar a glória da vida eterna.

Amém.

Oração a Santo Antão, Eremita – I
(Para a cura de moléstias da pele)

Deus, Todo-poderoso, que sentis prazer em glorificar Vossos servidores, eu Vos peço, humildemente, socorrei-me em minha aflição, pela intercessão de Santo Antão, Eremita, que hoje estou implorando.
Ouvi a minha prece, Senhor Deus, pelo sangue de Nosso Senhor Jesus Cristo.

Assim seja.

(Rezar um Creio em Deus Pai, um Pai-Nosso e uma Ave-Maria.)

Repetir três vezes: Santo Antão, Eremita, que nunca faltais com o vosso socorro aos que vos invocam, rogai por nós.

Oração a Santo Antão, Eremita – II

Ó Deus, que permitistes que, mesmo na solidão de uma gruta, no deserto, o Demônio perturbasse Santo Antão, com violentas tentações, mas lhe destes a força de vencê-las, enviai-me, do céu, o Vosso socorro, porque eu vivo em um ambiente minado de tentações que me agridem, pelo rádio, televisão, novelas, bailes, filmes, revistas, propagandas e maus companheiros.

Santo Antão, ficai sempre ao meu lado; vós que vencestes o Demônio, na aparência de um bicho imundo, me dareis força na tentação. Na hora da tentação, socorrei-me, Santo Antão.

Amém.

Oração a Santo Antônio – I
(Padroeiro dos namorados)

Santo Antônio, eu sei que o casamento é uma vocação abençoada por Deus. É o sacramento do amor, comparado ao amor que Cristo tem para com a Igreja. Eu me sinto chamada ao casamento; por isso, Santo Antônio, ajuda-me a encontrar um namorado bom, amável, sério e sincero, que tem os mesmos sentimentos de afeto que eu sinto. Faze que nos completemos um ao outro e formemos uma união abençoada por Deus, para que nós dois, juntos, sejamos capazes de vencer possíveis problemas familiares e conservemos sempre vivo o nosso amor para que nunca faltem a compreensão e a harmonia familiar.

Santo Antônio, rogai por nós.

Oração a Santo Antônio – II

Santo Antônio é grande santo,
Espanta o Diabo e a própria morte.
Ao doente dá saúde,
E ao fraco torna forte.
É santo milagroso,
Afasta o furacão,
Descobre o que se perde,
E liberta da prisão.
É santo popular,
Abençoa os noivados,
Entusiasma a todo o jovem,
E dá sorte aos namorados.
A bênção, Santo Antônio!
Em nome do Pai, do Filho e do Espírito Santo.

Amém.

Oração a Santo Antônio – III

Glorioso Santo Antônio, que tivestes a sublime dita de abraçar e afagar o Menino Jesus, alcançai-me deste mesmo Jesus a graça que vos peço e vos imploro do fundo do meu coração (pede-se a graça). Vós que tendes sido tão bondoso para com os pecadores, não olheis para os poucos méritos de quem vos implora, mas antes fazei valer o vosso grande prestígio junto a Deus para atender o meu insistente pedido.
Amém.
Santo Antônio, rogai por nós.
(Pai-Nosso, Ave-Maria, Glória ao Pai.)

Oração para Pedir a Bênção de Santo Antônio

Que Santo Antônio me defenda de todos os perigos; afaste de mim e de meu lar todas as tribulações; proteja-me em todos os meus empreendimentos; inspire-me na prática do bem e me ajude a alcançar a vida eterna.

Amém.

Responso de Santo Antônio
(Principalmente para encontrar coisas perdidas)

Se milagres desejais
Contra os males do Demônio,
Recorrei a Santo Antônio
E não falhareis jamais.

Pela sua intercessão
Fogem a peste, o erro e a morte.
Quem é fraco fica forte,
Mesmo o enfermo fica são.

Rompem-se as mais vis prisões,
Recupera-se o perdido,
Cede o mar embravecido
No maior dos furacões.

Penas mil e humanos há
Se moderam, retiram-se:
Isto digam os que viram,
Os paduanos e outros mais.

(Glória ao Pai...)
Rogai por nós, Santo Antônio.
Para que sejamos dignos das promessas de Cristo.

Oremos

Ó Deus, nós Vos suplicamos que alegreis os Vossos fiéis com os milagres de Santo Antônio, vosso confessor e doutor, para que, fortalecidos na terra com os auxílios do grande santo, consigam alcançar as alegrias eternas junto a Vós.
Por Jesus Cristo, Vosso Filho, na Unidade do Espírito Santo.

Amém.

Oração a Frei Antônio de Sant'Ana Galvão

Ó Jesus, generoso remunerador daqueles que, nesta vida de exílio, só aspiram e se empenham para que em tudo se cumpra a Vossa vontade santíssima, a Vós, cujos lábios proferiram este divino oráculo: "Quem se humilha será exaltado", pedimos humildemente glorificardes na terra o Vosso fiel servo frei Antônio de Sant'Ana Galvão, e mostrardes o crédito que ele goza junto ao trono do Vosso misericordioso poder, concedendo-lhe socorrer todos que em suas necessidades, cheios de confiança, solicitarem a sua intercessão. Isto Vos pedimos se for para Vossa maior honra e glória. Assim seja.

Oração de Santa Bárbara
(Advogada contra as trovoadas)

Ó Santa Bárbara, que sois mais forte que as torres das fortalezas e a violência dos furacões, fazei que os raios não me atinjam, os trovões não me assustem e o troar dos canhões não me abalem a coragem e a bravura. Ficai sempre ao meu lado para que eu possa enfrentar de fronte erguida e rosto sereno todas as tempestades e batalhas de minha vida; para que, vencedor de todas as lutas, com a consciência do dever cumprido, possa agradecer a vós, minha protetora, e render graças a Deus, criador do céu e da terra e da natureza, este Deus que tem poder de dominar o furor das tempestades e abrandar a crueldade das guerras.
Santa Bárbara, rogai por nós.

Hino

Salve, virgem gloriosa,
Ó Bárbara generosa,
Do Paraíso fresca rosa,
Lírio da castidade,
Salve, ó virgem toda formosa,
Lavada na fonte da castidade,
Doce, branca e devota,
Vaso de todas as virtudes,

Salve, virgem livre de pecados,
Que ouves o esposo com voz clara
Que te diz: "Vem formosa, vem amada,
Vem, serás coroada".
Salve, Bárbara serena.
Formosa como a Lua cheia,
Que som melodioso agradável,
Segue ao esposo cordeiro,
Salve, Bárbara bem-aventurada,
Que com o esposo preparada
Passaste nas núpcias,
Para os gozos eternos,
Salve, fulgente margarida,
Na coroa de Jesus engastada!
Assim na morte como na vida,
Nos é propícia.
Amém.

Com a vossa vista e formosura, ide por diante prosperamente, prossegui e reinai.
Difusa é a graça nos vossos lábios, por isso vos abençoou Deus para sempre.

Oração

Senhor, nós Vos pedimos que a intercessão da bem-aventurada Santa Bárbara, Vossa Virgem e Mártir, sempre nos valha para que não morramos de repente, mas, antes do dia da nossa morte, sejamos fortalecidos saudavelmente com os sacramentos no Vosso Santíssimo Corpo e Sagrada Unção e sejamos livres de todo o mal e guiados para o reino dos céus.
Por Cristo Nosso Senhor, amém.
(Pai-Nosso, Ave-Maria, Glória ao Pai.)

Oração a São Benedito – I

Ó São Benedito, modelo admirável de caridade e humildade, por vosso ardente amor a Maria Santíssima, que colocou seu divino Filho em vossos braços, por aquela suave doçura com que Jesus encheu o vosso coração, eu vos suplico: socorrei-me em todas as minhas necessidades e alcançai-me, de modo especial, a graça que neste momento vos peço...
Ó São Benedito, intercedei por mim que a vós peço socorro, recorro a vós confiante. Vós que fostes tão maravilhoso e pródigo no atendimento aos vossos devotos, atendei à minha súplica e concedei-me o que vos peço.

Amém.

Oração a São Benedito – II

São Benedito, filho de escravos, que encontrastes a verdadeira liberdade servindo a Deus e aos irmãos, independentemente de raça e de cor, livrai-me de toda a escravidão, venha ela dos homens ou dos vícios, e ajudai-me a desalojar de meu coração todo o preconceito racial e a reconhecer todos os homens por meus irmãos.

São Benedito, amigo de Deus e dos homens, concedei-me a graça que vos peço de coração.

Por Jesus Cristo Nosso Senhor.

Amém.

Oração de São Bento – I

Glorioso São Bento, a vossa santidade, unida à força de Deus em vossa alma e em vossa mente, tornou-vos capaz de desmascarar a trama dos maus. Até o copo com veneno, estremecendo, partiu-se em mil pedaços e a droga venenosa perdeu sua força maléfica. São Bento, em vós confio! Dai-me calma e tranquilidade; dai força à minha mente e ao meu pensamento para que, unindo-me ao poder infinito de Deus, eu seja capaz de reagir contra as ameaças do mal espiritual, da calúnia e da inveja. Ajudai-me também a vencer as doenças do meu corpo e da minha mente.
Que Deus me ajude e São Bento me proteja. Amém.

Oração de São Bento – II

Senhor, Vós que exaltastes tanta glória a Vosso servo São Bento, para compensá-lo da vida humilde, pobre, que, mortificando-se, abraçou por Vosso amor, fazei que, imitando o seu exemplo, favorecidos por sua intercessão, desprezemos os bens da Terra para obter os bens eternos do céu.
Por Cristo Nosso Senhor.

Oração a São Brás
(Protetor contra as doenças da garganta)

Ó bem-aventurado São Brás, que recebestes de Deus o poder de proteger os homens contra as doenças da garganta e outros males, afastai de mim a doença que me aflige, conservai a minha garganta sã e perfeita para que eu possa falar corretamente e assim proclamar e cantar os louvores de Deus.

Eu vos prometo, São Brás, que a fala que sair da minha garganta será sempre:

De verdade e não de mentira.
De justiça e não de calúnias.
De bondade e não de aspereza.
De compreensão e não de intransigência.
De perdão e não de condenação.
De desculpa e não de acusação.
De respeito e não de desacato.
De conciliação e não de intriga.
De calma e não de irritação.
De desapego e não de egoísmo.
De edificação e não de escândalo.
De ânimo e não de derrotismo.
De conformidade e não de lamúrias.
De amor e não de ódio.
De alegria e não de tristeza.

De fé e não de descrença.
De esperança e não de desprezo.
São Brás, conservai a minha garganta livre daquela doença braba para que minhas palavras possam louvar a Deus, meu criador, e agradecer a vós, meu protetor.

Assim seja.

Oração de São Caetano

Ó São Caetano, anjo protetor dos enfermos e moribundos, luz nas trevas do erro e das dúvidas na fé; vós que refutastes as heresias, purificai a minha fé dos erros das superstições; e já que os meus pecados me desviaram do caminho da inocência, ajudai-me a trilhar o caminho da penitência.
Afastai de mim as enfermidades, acompanhai-me nas minhas doenças, assisti-me na hora da minha morte para que eu possa partir tranquilamente deste mundo, para junto de vós e lá no céu, possa desfrutar, para sempre, a alegria e a felicidade que Deus prometeu aos Seus fiéis.
São Caetano, rogai por nós.

Amém.

Oração de São Camilo de Lélis

Ó São Camilo, que, imitando, Jesus Cristo, destes a vida pelos vossos semelhantes, dedicando-vos aos enfermos, socorrei-me na minha doença, aliviai as minhas dores, fortalecei o meu ânimo, ajudai-me a aceitar os sofrimentos para purificar-me dos meus pecados e conquistar os méritos que me darão o direito à felicidade eterna.
Por Nosso Senhor Jesus Cristo.

São Camilo, rogai por nós.

Oração de Santa Catarina – I

Minha Santa Catarina, clara e digna, vós fostes aquela senhora que passou pela porta de Abraão, achastes 400 homens tão bravos como leões e vós, com as vossas santas palavras, abrandastes seus corações; assim, minha Beata Santa Catarina, abrandai os corações de meus inimigos; se tiverem pés, que não me alcancem; se tiverem mãos, que não me agarrem e, se tiverem olhos que não me vejam; e se vejam tão acorrentados de pés e mãos como o Senhor Jesus Cristo se viu na Cruz, para todo o sempre.
Amém.

(Três Pais-Nossos, três Ave-Marias e Salve-Rainhas, oferecidos à Sagrada Paixão e Morte de Nosso Senhor Jesus Cristo.) Quem rezar esta prodigiosa oração durante um mês alcançará perdão de seus pecados.

Oração de Santa Catarina – II

Deus vos salve, Catarina, pérola das Virgens;
Deus vos salve, gloriosa esposa do Rei dos reis;
Deus vos salve, hóstia viva de Jesus Cristo; não recuseis o vosso desejado patrocínio aos fiéis que veneram a vossa memória.
Estão cheios de graça os vossos lábios.
Por isso Deus abençoou-vos para sempre.

Oração de Santa Catarina – III

Ó Santa Catarina, vós quebrastes a roda de engrenagem das mãos dos torturadores e por isso sois invocada como protetora contra os acidentes; eu vos peço, protegei-me de todo e qualquer acidente:
Acidentes de trânsito, acidentes com arma de fogo, acidentes de quedas e tombos, acidentes a pé e a cavalo, acidentes com instrumentos de trabalho, acidentes com venenos e agrotóxicos, acidentes com máquinas e explosivos, acidentes de mordidas de cobras
e aranhas, acidentes em casa, na estrada, na roça, no campo e no mato.
Protegei o meu corpo de todo e qualquer perigo que a cada instante estou sujeito a enfrentar.
Defendei também a minha alma contra todos os perigos espirituais, que são tantos, em toda parte.
Santa Catarina, protegei-me e salvai-me.
Amém.

Oração a Santa Catarina de Alexandria
(Auxiliadora dos estudantes)

Santa Catarina de Alexandria, que tivestes uma inteligência abençoada por Deus, abri a minha inteligência, fazei entrar na minha cabeça as matérias de aula, dai-me clareza e calma na hora dos exames, para que eu possa ser aprovado.

Eu quero aprender sempre mais, não por vaidade, nem só para agradar aos meus familiares e professores, mas para ser útil a mim mesmo, à minha família, à sociedade e à minha pátria.

Santa Catarina de Alexandria, conto convosco. Contai também vós comigo. Eu quero ser um bom cristão para merecer a vossa proteção.

Amém.

(Ao começar os exames: Santa Catarina, conto convosco.)

Oração a São Cipriano

São Cipriano, São Cipriano! Vós que, depois de terdes praticado malefícios e feitiçarias, aprendestes de Santa Justina que o sinal da cruz e a invocação da Virgem Maria tinham mais poder do que a vossa magia, e por isto tivestes a coragem e a humildade de trocar a prática dos malefícios do Demônio pela religião católica, fortalecei a minha fé, para que, diante de qualquer ataque do inimigo, eu possa responder tranquilamente:
"Se Deus está comigo, quem estará contra mim?"
"O Senhor é minha luz e minha salvação; a quem poderia eu temer?"
"O Senhor é o baluarte de minha vida; perante quem tremerei?"
Creio no Espírito Santo, na Santa Igreja Católica, na comunhão dos Santos, no perdão dos pecados, na ressurreição dos mortos, na vida eterna.

Amém.
São Cipriano, protegei-nos.

Oração a Santa Clotilde
(Para afastar dificuldades, aflições
e situações embaraçosas ou perigosas)

Em nome do Pai, depois de haverdes inflamado o coração de Santa Clotilde, no zelo pela propagação da fé em Cristo Jesus, concedestes a essa Santa Rainha da França o poder de com suas orações praticar milagres. Pelos méritos de Santa Clotilde, concedei-nos, Senhor, o consolo e o remédio a todos os nossos males, aflições, tristezas, embaraços e perigos. Dignai-Vos confirmar-nos na Vossa Fé, até o fim de nossa existência, por Nosso Senhor Jesus Cristo.
Assim seja.
Santa Clotilde, protetora dos aflitos,
Rogai por nós.
Santa Clotilde, protetora dos fracos,
Rogai por nós.

Santa Clotilde, preservai-nos de todo o mal.
(Rezar Creio em Deus Pai, Pai-Nosso, Ave-Maria.)

Bênção de Santa Clara

Pela intercessão de Santa Clara, o Senhor Todo-poderoso me abençoe e proteja; volte para mim os Seus olhos misericordiosos, dê-me a paz, a tranquilidade; derrame sobre mim as Suas copiosas graças; e, depois desta vida, aceite-me no céu em companhia de Santa Clara e de todos os santos.
Em nome do Pai, do Filho e do Espírito Santo.

Amém.

Oração a São Cosme e São Damião

São Cosme e São Damião, que por amor a Deus e ao próximo vos dedicastes à cura do corpo e da alma de vossos semelhantes, abençoai os médicos e farmacêuticos, medicai o meu corpo na doença e fortalecei a minha alma contra a superstição e todas as práticas do mal.

Que vossa inocência e simplicidade acompanhem e protejam todas as nossas crianças.

Que a alegria da consciência tranquila que sempre vos acompanhou repouse também em meu coração.

Que a vossa proteção, Cosme e Damião, conserve meu coração simples e sincero, para que sirvam também para mim as palavras de Jesus: "Deixai vir a mim os pequeninos, porque deles é o Reino do céu".

São Cosme e São Damião, rogai por nós.

Oração a São Cristóvão

Ó São Cristóvão, que atravessastes a correnteza furiosa de um rio com toda a firmeza e segurança porque carregáveis nos ombros o Menino Jesus, fazei que Deus se sinta sempre bem em meu coração, porque então eu terei sempre firmeza e segurança no guidão do meu carro e enfrentarei corajosamente todas as correntezas que eu tiver de enfrentar, venham elas dos homens ou do espírito infernal.

São Cristóvão, rogai por nós.

Oração Antiga de São Cristóvão

Glorioso mártir São Cristóvão, nós vos suplicamos: obtende, para todos os que imploram com fé vosso poderoso auxílio, a graça de serem protegidos de morte súbita e de todos os males e perigos imprevistos. Livrai-nos, São Cristóvão, dos castigos para os nossos pecados; afastai de nós os incêndios, as inundações, as epidemias.

Livrai-nos, São Cristóvão, da morte súbita, imprevista, natural, desastrosa ou violenta. Conservai-nos no caminho da honestidade e da crença em Deus Nosso Pai.

Assim seja.

Repetir três vezes: São Cristóvão, rogai por nós, que vos invocamos com inteira confiança em vossos méritos e poderes.

(Creio em Deus-Pai, um Pai-Nosso, uma Ave-Maria.)

Oração a São Dimas
(Protetor dos encarcerados e perseguidos)

Ó São Dimas, que, esquecendo as dores atrozes da agonia, ao lado da cruz de Cristo, vos lembrastes dos crimes e maldades da vossa vida, não para desesperar, mas para pedir a Jesus, com toda a confiança: "Lembra-te de mim quando entrares no teu reino", dai ânimo, força e coragem a todos os que são perseguidos, presos ou torturados, para que não esmoreçam; mas se lembrem que Cristo morreu, não pelos justos, mas pelos pecadores; e que Jesus veio à terra, não para condenar, mas para libertar os homens e por isto Ele vos respondeu na cruz: "Hoje mesmo estarás comigo no Paraíso".
São Dimas, dai-me ajuda nesta situação angustiosa, fazei brilhar um raio de esperança nas trevas da minha aflição. Peço-vos esta graça, pelo sangue de Jesus, vosso companheiro de dor, que se dignou acompanhar-vos até o Paraíso, onde agora viveis com ele e com o Pai e o Espírito Santo.

Amém.
São Dimas, rogai por nós.

Oração de São Domingos

Ó Deus, que Vos dignastes iluminar o mundo com as virtudes e a sabedoria do bem-aventurado Domingos – e o zelo deste santo levou muitos homens a Jesus, e sua devoção à Virgem do Rosário salvou muitas almas –, fazei que pela intercessão de São Domingos muitos outros fachos de luz se acendam na Igreja Católica, para iluminar e aquecer o coração de todos os homens de boa vontade.
São Domingos, rogai por nós.

Oração a Santo Edmundo

Jesus, que Vos dignais estar na companhia dos filhos dos homens, que Vosso Nome adorável seja a salvação para todos, a fim de podermos louvar-Vos, eternamente, Jesus de Nazaré, Rei dos Judeus.
Repetir três vezes: Santo Edmundo, que, por vossas preces e assistência, protegeis os homens contra a morte violenta, rogai por nós.
(Pai-Nosso, Ave-Maria.)

Oração a Santa Edwiges
(Socorro dos endividados)

Ó Santa Edwiges, vós, que na Terra, fostes o amparo dos pobres, a ajuda dos desvalidos e o socorro dos endividados, e no céu agora desfrutais do eterno prêmio da caridade que em vida praticastes, suplicante vos peço que sejais a minha advogada, para que eu obtenha de Deus o auxílio de que urgentemente preciso...
(fazer o pedido). Alcançai-me também a suprema graça da salvação eterna. Santa Edwiges, rogai por nós.

Amém.
(Pai-Nosso, Ave-Maria, Glória ao Pai.)

Oração de Santo Elesbão e Santa Ifigênia

Atendei, ó Deus Onipotente, às nossas súplicas e, porque nos confessamos réus de muitos pecados, permiti que sejamos absolvidos deles pelas intercessões dos gloriosos mártires, Santo Elesbão e Santa Ifigênia, e que com o precioso sangue de Nosso Senhor Jesus Cristo fiquemos lavados e relevados de nossas culpas; limpos e puros mais do que quando nascemos. À nossa guarda fiquem os três cavaleiros de Israel e a sua tribo, que batam e combatam esses inimigos que os cercam, para que não tenham trégua e na terra se enterrem sem que mais venham a sair pelos séculos dos séculos.

Amém.
(Rezam-se um Pai-Nosso, Ave-Maria e Salve-Rainha.)

Orações de Santos e Santas

Oração a Santo Emídio

Deus te dê a Sua bênção e te guarde.
O Senhor te mostre benigna a Sua face e
Se compadeça de ti.
Volte para ti o Seu divino rosto e te dê paz e saúde.
O Senhor abençoe esta casa e todos os seus moradores e
os livre de todo o perigo e dos tremores de terra, em nome
e virtude de Jesus Cristo que é conosco,
tendo bom ânimo.
Rogai por nós, bem-aventurado Santo Emídio, e
defendei-nos nos impulsos dos tremores de terra.
Em nome de Jesus Cristo Nazareno.
Amém.

Oração a Santa Escolástica
(Para se obter a chuva e cessar as tempestades)

Meu Deus, autor de todos os bens, recorremos a Vós, por intermédio dos méritos de Santa Escolástica. Concedei-nos o tempo favorável de que temos necessidade. Em nossas aflições, concedei-nos a participação nos favores e consolo que Santa Escolástica concede aos Vossos servidores.
Assim rogamos, por Nosso Senhor Jesus Cristo.
Repetir três vezes: Santa Escolástica, que concedeis um tempo favorável àqueles que vos invocam, rogai por nós e obtende-nos o auxílio do Senhor.
(Pai-Nosso, Ave-Maria.)

Oração de Santo Estêvão

Concedei-nos, Senhor, imitar o que veneramos para que aprendamos a amar os próprios inimigos, celebrando as glórias daquele que soube rogar também por seus perseguidores.
Por Jesus Cristo Nosso Senhor, que convosco vive e reina, por todos os séculos dos séculos.
Amém.

Oração a Santo Expedito

Ó Deus, que a intercessão de Santo Expedito nos recomende à Vossa divina bondade, a fim de que, pelo seu auxílio, possamos obter aquilo que nossos fracos méritos não podem alcançar.

Nós Vos pedimos, Senhor, que orienteis, com a Vossa graça, todos os nossos pensamentos, palavras e ações, para que possamos, com coragem, fidelidade e prontidão, em tempo próprio e favorável, levar a bom termo todos os nossos compromissos e alcançarmos a feliz conclusão dos nossos planos.

Por Nosso Senhor Jesus Cristo. Assim seja.

SÚPLICA: Ó Santo Expedito! Animados pelo conhecimento de que foram prontamente atendidos todos aqueles que vos invocaram à última hora, para negócios urgentes, nós vos suplicamos que nos obtenhais da bondade misericordiosa de Deus, por intercessão de Maria Imaculada (hoje ou em tal dia) a graça... que com tanta e toda a humildade solicitamos que nos alcanceis junto à bondade todo-poderosa de Deus.

(Pai-Nosso, Ave-Maria, Glória ao Pai.)

Oração de São Francisco de Assis – I

Senhor, fazei-me instrumento de vossa paz!
Onde houver ódio, que eu leve o amor.
Onde houver discórdia, que eu leve a união.
Onde houver ofensa, que eu leve o perdão.
Onde houver dúvida, que eu leve a fé.
Onde houver desespero, que eu leve a esperança.
Onde houver tristeza, que eu leve a alegria.
Onde houver trevas, que eu leve a luz.
Mestre, fazei que eu procure mais consolar que
ser consolado;
Mais compreender que ser compreendido;
Mais amar que ser amado.
Pois é dando que se recebe;
É perdoando que se é perdoado;
E é morrendo que se nasce para a vida eterna!

Oração de São Francisco de Assis – II

Ó glorioso São Francisco, santo da simplicidade, da alegria e do amor, que no céu contemplais as infinitas perfeições de Deus, lançai sobre nós um olhar cheio de benignidade e socorrei-nos eficazmente nas nossas necessidades espirituais e temporais.

Rogai ao nosso Criador que nos conceda as graças que solicitamos e, para melhor merecê-las, inflamai o nosso coração de amor a Deus e a nossos irmãos.

São Francisco de Assis, rogai por nós.

Oração de São Francisco da Penitência
(Protetor dos viajantes)

Senhor São Francisco, que nos céus estais orando pela salvação do mundo, que servo sois fiel de Deus homem, que por Herodes e Pilatos foi perseguido e preso, de sua mãe separado, pelos homens martirizado e desarmado, sobre cujo corpo em chagas abertas cuspiu a turba ingrata.
Senhor São Francisco, ao vosso glorioso Deus pedi para que resguarde minh'alma.
Protegei-me com a vossa celeste bondade.
Amparai-me com o vosso misericordioso manto, rutilante de estrelas.
Na hora extrema da minha morte, não me desampareis, Senhor e divino patriarca.
Rogai pelos que sobre as ondas do mar se acham navegando e pelas ondas viajando.
Amém.

(Pai-Nosso, Ave-Maria.)

Oração de São Gabriel

Ó poderoso Arcanjo São Gabriel, a vossa aparição à Virgem Maria de Nazaré trouxe ao mundo, que estava mergulhado nas trevas, luz. Assim falastes à Santíssima Virgem: "Ave, Maria, cheia de graça, o Senhor é contigo... o Filho que de ti nascer será chamado Filho do Altíssimo".

São Gabriel, intercedei por nós junto à Virgem Santíssima, Mãe de Jesus, Salvador. Afastai do mundo as trevas da descrença e da idolatria. Fazei brilhar a luz da fé em todos os corações. Ajudai a juventude a imitar Nossa Senhora nas virtudes da pureza e da humildade.

Dai força a todos os homens contra os vícios e o pecado. São Gabriel! Que a luz da vossa mensagem anunciadora da Redenção do gênero humano ilumine o meu caminho e oriente toda a humanidade rumo ao céu.

São Gabriel, rogai por nós.

Amém.

Oração a São Gildásio
(Em favor dos loucos e doentes mentais, para obter sua cura ou melhora)

Ouvi favoravelmente, Senhor, as humildes preces que Vos dirigimos por intermédio de São Gildásio e fazei com que sejamos auxiliados pelos méritos desse Santo, que Vos serviu tão fielmente.
São Gildásio, levai perante o trono da Justiça Divina a prece que vos dirijo, a fim de auxiliardes Fulano (dizer o nome da pessoa), curando ou aliviando seus males, para maior glória de Deus.
Assim seja.
Repetir três vezes: São Gildásio, que socorreis eficazmente os que têm a infelicidade de perderem a razão, orai por Fulano (dizer o nome da pessoa).
(Creio em Deus Pai, Pai-Nosso, Ave-Maria, Salve-Rainha.)

Oração a São Graciano
(Para que apareçam objetos domésticos perdidos)

Deus de bondade e de amor, que nos destes em São Graciano um protetor tão poderoso e tão generoso, permiti que depositemos nesse Vosso santo inteira confiança e sincero amor.
Seja São Graciano nosso socorro e nossa consolação nos embaraços desta vida. Que ele nos assista em todas as circunstâncias, a fim de que um dia, em sua companhia, possamos abençoar-Vos e louvar-Vos eternamente.
Assim seja.
Repetir três vezes: São Graciano, eficazmente invocado em todas as circunstâncias e particularmente para se acharem objetos perdidos ou escondidos, rogai por nós.

(Pai-Nosso, Ave-Maria.)

Oração de Santa Helena

Minha gloriosa Santa Helena, dormistes, acordastes, sonhastes com a árvore da vera cruz. Nos vossos divinos braços achastes três cravos que ela tinha, todos os três vós tirastes. Um destes a vosso divino irmão Tobias, vencedor de guerras, batalhas e porfias; o outro atastes na ponta do vosso divino manto e outro no mar botastes; e, de bravo que estava, vós o amansastes. Dissestes que quem se visse em empresas e aflições por vós chamasse. Minha gloriosa Santa Helena, humildemente vos peço e rogo livrai-nos e defendei-nos de todos os maus pensamentos, de todas as aflições e de todas as tentações de nossos inimigos para sempre.

Amém.
(Pai-Nosso, Ave-Maria, Glória ao Pai.)

Oração a São Hugo
(Contra a febre)

Nós Vos suplicamos, Senhor, que a intercessão do bem-aventurado São Hugo nos torne merecedores de Vossa Graça. Socorrei-nos, Jesus, pela bondade infinita, que Vos faz participar de todos os nossos sofrimentos. Nós Vos pedimos, por Nosso Senhor Jesus Cristo. Assim seja.

Repetir três vezes: São Hugo, que por vossa poderosa intercessão dominais a febre, rogai por nós.
(Rezar um Pai-Nosso e uma Ave-Maria.)

Oração a Santo Isidoro ou Isidro

Ó Santo Isidoro, a vossa fé vos levava a esquecer o mundo para contemplar as belezas do Reino de Deus. Vendo-nos em oração, os anjos contemplavam o vosso trabalho de agricultor.
Abençoai-me, Santo Isidoro! Abençoai minha família, minha terra, minha horta, minhas plantações, minha criação. Pedi aos anjos que sustentem as minhas forças nas horas de cansaço. Abri os meus olhos e fazei-me ver, na semente que nasce, na flor que desabrocha, no fruto que amadurece, a força criadora de Deus onipotente.
Santo Isidoro, fortalecei a minha fé, dai-me gosto pela oração, para que minha piedade atraia as bênçãos de Deus e dos anjos do céu sobre o trabalho de minhas mãos e faça frutificar a minha plantação.
Santo Isidoro, rogai por mim e por todos os agricultores.
Amém.

Oração a São Jerônimo – I
(Para evitar terremotos)

Senhor meu Jesus Cristo, Deus e Homem Verdadeiro, que viestes ao mundo para a salvação da humanidade, rogo-Vos, pelos méritos do Vosso servo São Jerônimo, proteção e socorro nos males inesperados.
Assim como concedestes a São Jerônimo o profundo saber das Vossas Escrituras, assim Vos suplico, Senhor, misericórdia.
São Jerônimo, sagrado doutor, fiel intérprete da Palavra Divina, sede nosso intercessor junto ao Altíssimo.
São Jerônimo, auxiliai-nos.
São Jerônimo, socorrei-nos.
São Jerônimo, orai por nós.

Assim seja.
(Rezar um Creio em Deus-Pai, um Pai-Nosso e uma Ave-Maria.)

Oração de São Jerônimo – II
(Advogado contra tremores subterrâneos)

Ó Senhor Deus, que Vos dignastes prover a Vossa Igreja com o beato Jerônimo, Vosso confessor e doutor máximo na exposição das Sagradas Escrituras.
Nós Vos rogamos que com o Vosso patrocínio sempre nos proteja.
Jerônimo santo, máximo penitente, santo sábio e forte, assiste-me agora e na hora da morte.
(Pai-Nosso, Ave-Maria, Glória ao Pai.)

Oração a São Jerônimo – III

Ó Deus, criador do universo, que Vos revelastes aos homens, através dos séculos, pela Sagrada Escritura, e levastes o Vosso servo, São Jerônimo, a dedicar a sua vida ao estudo e à meditação da Bíblia, dai-me a graça de compreender com clareza a Vossa palavra quando leio a Bíblia.

São Jerônimo, iluminai e esclarecei a todos os adeptos das religiões espirituais, para que eles compreendam as Escrituras, e se deem conta de que essas seitas contradizem a religião católica e a própria Bíblia, porque elas se baseiam em princípios pagãos e supersticiosos.

São Jerônimo, ajudai-nos a considerar o ensinamento que nos vem da Bíblia acima de qualquer outra doutrina, já que é a palavra e o ensinamento do próprio Deus. Fazei que todos os homens aceitem e sigam a orientação do nosso Pai comum, expressa nas Sagradas Escrituras. São Jerônimo, rogai por nós.

Oração a Santa Joana d'Arc

Ó Santa Joana d'Arc, vós, que cumprindo a vontade de Deus, manifestada por vozes de anjos de espada em punho, vos lançastes à luta por Deus e pela pátria, ajudai-me a perceber no meu íntimo as inspirações de Deus. Com o auxílio da vossa espada, fazei recuar os meus inimigos que atentam contra minha fé e minha pátria.
Santa Joana d'Arc, ajudai-me a vencer as dificuldades no lar, no emprego, no estudo e na vida diária. Que nem opressões, nem ameaças, nem processos, nem mesmo a fogueira me obriguem a recuar, quando estou com a razão e a verdade.
Santa Joana d'Arc, iluminai-me, guiai-me, fortalecei-me, defendei-me.
Amém.

Oração a São João

São João Batista, voz que clama no deserto: "Endireitai os caminhos do Senhor... fazei penitência, porque, no meio de vós está quem vós não conheceis e do qual eu não sou digno de desatar os cordões das sandálias", ajudai-me a fazer penitência das minhas faltas para que eu me torne digno do perdão d'Aquele que vós anunciastes com estas palavras: "Eis o Cordeiro de Deus, eis aquele que tira os pecados do mundo".

São João, pregador da penitência, rogai por nós.
São João, precursor do Messias, rogai por nós.
São João, alegria do povo, rogai por nós.

Oração de São João Batista

O que fazes, João? Lavando o Senhor no rio Jordão. Vês, João, que aí vêm teus inimigos? Deixai-os vir, Senhor; olhos terão, por mim passarão; pés terão, não me conseguirão; mãos terão e não me pegarão, pois eu, Senhor, com as armas de São Jorge estou armado; com o sangue de Cristo, batizado; com o leite da Virgem, borrifado; na barca de Noé, embarcado. Assim, Senhor, meus inimigos não poderão matar-me, nem ofender-me, nem meu sangue derramar. Ó fonte, ó fonte de Davi! Livrai-me, meu Jesus de Nazaré! Tendo Jesus a meu lado, quem poderá ofender-me? A cruz do Senhor caia sobre mim, quem nela morreu responda por mim para que meus inimigos não se cheguem a mim.

Oração a São João Batista de La Salle

Ó Deus, que escolhestes São João Batista de La Salle para a educação cristã dos jovens, suscitai na Vossa Igreja educadores que se consagrem inteiramente à formação humana e cristã da juventude.
Amém.

Oração de São Jorge – I

São Jorge, cavaleiro corajoso, abri os meus caminhos, ajudai-me a conseguir um bom emprego, fazei com que eu seja benquisto por todos: superiores, colegas e subordinados.
Que a paz, o amor e a harmonia estejam sempre presentes no meu coração, no meu lar e no meu serviço; velai por mim e por meus familiares; protegei-nos sempre, abrindo e iluminando os nossos caminhos, ajudando-nos também a transmitirmos paz, amor e amizade entre todos os que nos cercam.
São Jorge Guerreiro, protegei-nos e abençoai-nos.
Amém.

Oração de São Jorge – II

Ó Deus onipotente, que nos protegeis pelos méritos e as bênçãos de São Jorge, fazei que este grande mártir, com sua couraça, sua espada e seu escudo, que representam a fé, a esperança e a caridade, esclareça a nossa inteligência, ilumine os nossos caminhos, fortaleça o nosso ânimo nas lutas da vida, dê firmeza à nossa vontade contra as tramas do maligno, para que, vencendo na terra como São Jorge venceu, possamos triunfar no céu Convosco e participar das eternas alegrias.
Amém.

Oração a São José

A vós, São José, recorremos em nossa tribulação e, cheios de confiança, solicitamos o vosso patrocínio. Pelo laço sagrado de caridade que vos uniu à Virgem imaculada, Mãe de Deus, e pelo amor paternal que tivestes ao Menino Jesus, ardentemente vos suplicamos que lanceis um olhar benigno sobre nós, que somos a herança que Jesus Cristo conquistou com o seu sangue; e nos socorrais nas nossas necessidades, com o vosso auxílio e poder.

Protegei, ó guarda previdente da divina família, o povo eleito de Jesus Cristo. Afastai para longe de nós, ó Pai amantíssimo, a peste do erro e do vício. Assisti-nos, do alto do céu, ó nosso fortíssimo sustentáculo, na luta contra o poder das trevas. E assim como outrora salvastes a vida ameaçada do Menino Jesus, defendei agora a Santa Igreja de Deus das ciladas dos seus inimigos e de toda a adversidade. Amparai a cada um de nós com o vosso constante patrocínio, a fim de que, sustentados com o vosso auxílio, possamos viver virtuosamente, piedosamente morrer e obter no céu e eterna bem-aventurança.

Amém.

Ladainhas de São José

Senhor, tende piedade de nós.
Jesus Cristo, tende piedade de nós.
Senhor, tende piedade de nós.
Jesus Cristo, ouvi-nos.
Jesus Cristo, atendei-nos.
Deus Pai Celestial, tende piedade de nós.
Deus Filho, Redentor do mundo, tende piedade de nós.
Deus Espírito Santo, tende piedade de nós.
Santíssima Trindade, que sois um só Deus, tende piedade de nós.
Santa Maria, rogai por nós.
São José, ínclito descendente de Davi,
Luz dos patriarcas,
Esposo da Mãe de Deus,
Casto guarda da Virgem,
Pai nutrício de Jesus Cristo,
Desvelado defensor do Filho de Deus,
Chefe da Sagrada Família,
José justíssimo,
José castíssimo,
José prudentíssimo,
José fortíssimo,
José obedientíssimo,
José fidelíssimo,
José espelho de paciência

Amante da pobreza,
Modelo dos operários,
Honra da vida doméstica,
Guarda das virgens,
Amparo das famílias,
Consolo dos aflitos,
Esperança dos enfermos,
Padroeiro dos moribundos,
Terror dos Demônios,
Protetor da Santa Igreja.
Cordeiro de Deus, que tirais o pecado do mundo, perdoai-
-nos, Senhor.
Cordeiro de Deus, que tirais o pecado do mundo, ouvi-
-nos, Senhor.
Cordeiro de Deus, que tirais o pecado do mundo, tende piedade de nós.
Rogai por nós, São José,
Para que sejamos dignos das promessas de Cristo.

Oremos

Ó Deus, que por Vossa inefável Providência Vos dignastes escolher o bem-aventurado São José para esposo de Vossa Mãe Santíssima, concedei-nos que aquele mesmo, que na terra veneramos como protetor, mereçamos tê-lo no céu por intercessor.
Vós que viveis e reinais por todos os séculos.

Amém.

Oração a São Judas Tadeu

São Judas Tadeu, fiel servo e amigo de Jesus, socorro nos casos desesperados, assisti-me nesta minha grande necessidade para que eu possa receber o socorro do céu nesta tribulação, angústia e sofrimento.
Alcançai-me a graça que vos peço e eu prometo ser sempre o vosso fiel devoto e cumprir todos os meus deveres de bom cristão.
São Judas Tadeu, rogai por nós.
Amém.

Oração de São Judas Tadeu
(Tríduo ou novena)

São Judas Tadeu, glorioso Apóstolo, fiel servo de Jesus!
O nome de Judas Iscariotes, o traidor de Jesus, foi causa de que fôsseis esquecido por muitos; mas agora a Igreja vos honra e invoca por todo o mundo como patrono dos casos desesperados e dos negócios sem remédio. Rogai por mim que estou tão desolado! Eu vos imploro, fazei uso do privilégio que tendes de trazer socorro imediato onde o socorro desapareceu quase por completo. Assisti-me nesta grande necessidade, para que eu possa receber as consolações e o auxílio do céu em todas as minhas precisões, tribulações e sofrimentos. São Judas Tadeu, alcançai-me a graça que vos peço (nomear a graça que se deseja).
Eu vos prometo, ó bendito São Judas, lembrar-me sempre deste grande favor e nunca deixar de vos louvar e honrar como meu especial e poderoso patrono e fazer tudo o que estiver ao meu alcance para espalhar a vossa devoção por toda a parte.
São Judas, rogai por nós!
(Pai-Nosso, Ave-Maria, Glória ao Pai.)

Oração a São Lázaro

Ó São Lázaro, vós suportastes os sofrimentos da vida terrena com a certeza de alcançar a felicidade no céu; abri o meu coração à palavra de Deus na Bíblia e aos ensinamentos da Igreja Católica; dai-me um coração sensível às doenças e à miséria dos meus irmãos; abri meus olhos para ver e compreender que aquilo que se diz por aí, "o que aqui se faz aqui se paga", é uma sentença falsa e enganosa, porque a justiça perfeita e definitiva só acontece na outra vida.

Ajudai-me a crer com firmeza na realidade do céu e do inferno, para que eu não venha a me arrepender quando já for tarde, como aconteceu com o rico da parábola.

São Lázaro, rogai por mim e por meus irmãos.

Amém.

Oração a São Lucas

Senhor, concedei-nos a graça de Vos amar, como Vos amava São Lucas, com todo o nosso espírito e todas as nossas forças.
Concedei-nos também a graça de servir-Vos, todos os dias, durante a nossa existência, a fim de merecer que sejam aceitas as nossas preces, que Vos dirigimos por intermédio de São Lucas, na esperança de que, pelos méritos desse Vosso apóstolo, conservemos perfeita saúde do corpo e do Espírito, por Nosso Senhor Jesus Cristo.

Assim seja.
Repetir três vezes: São Lucas, que obtendes a saúde do corpo e da alma dos que vos invocam, rogai por nós.
(Pai-Nosso, Ave-Maria.)

Oração a Santa Lúcia ou Santa Luzia
(Protetora contra as doenças dos olhos)

Ó Santa Luzia, que preferistes deixar que os vossos olhos fossem vazados e arrancados antes de negar a fé e conspurcar vossa alma; e a quem Deus, com um milagre extraordinário, devolveu outros dois olhos sãos e perfeitos para recompensar vossa virtude e vossa fé, e vos constituiu protetora contra as doenças dos olhos, eu recorro a vós para que protejais minhas vistas e cureis a doença de meus olhos.
Ó Santa Luzia, conservai a luz dos meus olhos para que eu possa ver as belezas da criação, o brilho do sol, o colorido das flores, o sorriso das crianças.
Conservai também os olhos de minha alma, a fé pela qual eu posso conhecer o meu Deus, compreender os Seus ensinamentos, reconhecer o Seu amor para comigo e nunca errar o caminho que me conduzirá onde vós, Santa Luzia, vos encontrais, em companhia dos anjos e santos.
Santa Luzia, protegei meus olhos e conservai minha fé.

Amém.

Oração de São Luís Gonzaga
(Para livrar das tentações)

Ó Luís santo, adornado de angélicos costumes, eu, indigníssimo devoto vosso, vos recomendo singularmente a castidade da minha alma e do meu corpo. Rogo-vos por vossa angélica pureza que intercedais por mim ante o cordeiro Imaculado de Cristo Jesus, e Sua Mãe Santíssima, Virgem das Virgens, e que me preserveis de todo pecado grave.

Não permitais que eu seja manchado com alguma nódoa de impureza, mas, quando me virdes em tentação ou em perigo de pecar, afastai do meu coração todos os pensamentos e afetos imundos e, despertando em mim a lembrança da eternidade e de Jesus Cristo crucificado, imprimi profundamente no meu coração o sentimento do santo temor de Deus, e inflamai-me no Amor Divino para que, imitando-vos aqui na Terra, mereça gozar de Deus convosco lá no céu.

Amém.
(Pai-Nosso, Ave-Maria.)

Oração de Santa Luzia

Ó milagrosa Santa Luzia, vós que merecestes de Cristo Senhor Nosso que, cega da luz do corpo, fôsseis alumiada pela divina graça, assisti-me com vossa vivificante fé, para que minh'alma não seja condenada pela cegueira do erro nas trevas do pecado.

Intercedei por mim ao bom Jesus para que, alumiada toda a minha vida pela sua divina graça, alcance enfim gozar essa perene felicidade que Ele prometeu a todos que seguissem pelo bom caminho de Sua esposa, a Santa Madre Igreja Católica Romana, que é a verdadeira luz do mundo. Acolhei, miraculosa Virgem Mártir, este meu pedido e sede minha intercessora, para que à hora da morte mereça gozar convosco a vivificante luz da eternidade.

Amém.

Oração a Santa Maria Madalena
(Oração da mãe solteira)

Santa Maria Madalena, vós que ouvistes da boca de Jesus estas palavras: "Muito lhe foi perdoado porque muito amou... vai em paz, os teus pecados estão perdoados", alcançai-me de Deus o perdão dos meus erros e pecados, deixai-me participar do ardente amor que inflamou o vosso coração, para que eu seja capaz de seguir a Cristo até o Calvário, se for preciso; e assim, mais cedo ou mais tarde, tenha a felicidade de abraçar e beijar os pés do divino Mestre. Como Jesus ressuscitado vos chamou pelo nome: "Maria!", Ele chame também pelo meu nome... e eu nunca mais me desvie de Seu amor, com recaídas nos erros do meu passado.
Santa Maria Madalena, eu vos peço esta graça, por Cristo Nosso Senhor.

Amém.

Oração de São Manuel

Meu amado São Manuel, que no mundo tanto sofrestes, que subíeis as serras, os mares atravessáveis, as tempestades abrandáveis, ao raio que caía mudáveis a direção para não causar prejuízo nem morte.
Assim, meu São Manuel, fazei com que estas minhas dores passem, que meus sofrimentos se abrandem e que em breve eu me ache melhor, com a vossa graça e misericórdia.
Amém.

Oração de São Marcos e São Manso
(Para nos livrar dos inimigos)

São Marcos me marque, São Manso me amanse, Jesus Cristo me abrande o coração e me aparte do sangue mau, hóstia consagrada entre em mim. Se os meus inimigos tiverem mau coração, não tenham cólera contra mim; assim como São Marcos e São Manso foram ao monte e havia nele touros bravos e mansos cordeiros, e os fizeram presos pacíficos nas moradas de suas casas, assim os meus inimigos fiquem presos e pacíficos nas moradas de suas casas, debaixo do meu pé esquerdo, assim as palavras de São Marcos e São Manso são certas: "Filho, pede o que quiseres e serás servido na casa em que eu pousar".

Se tiver cão-fila, retire-se do caminho, que coisa nenhuma se mova contra mim, nem vivos, nem mortos, e batendo na porta com a mão esquerda, desejo que imediatamente se me abra.

Jesus Cristo Senhor Nosso da cruz descerá, assim como Pilatos, Herodes e Caifás foram os algozes de Cristo, e ele consentiu em todas essas tiranias, assim como o poder de Jesus Cristo quando recebeu aquela grande tirania no horto, estando a fazer a sua oração, virou-se e viu-se cercado de seus inimigos, disse: *Sursum corda*. Caíram todos no chão até acabar a sua oração; assim como as

palavras de Jesus Cristo, de São Marcos e de São Manso
abrandam o coração de todos os homens de mau espírito,
os animais ferozes e tudo que a mim quiser se opor,
tanto vivo como morto, tanto na alma como no corpo,
e de maus espíritos, tanto visíveis como invisíveis, não
serei perseguido pela justiça nem pelos inimigos que me
quiserem causar danos, tanto no corpo como na alma.
Viverei sempre sossegado na minha casa; pelos caminhos
e lugares por onde transitar, vivente de qualidade alguma
me possa estorvar, antes todos me prestem auxílio
naquilo de que eu necessitar. Acompanhado da presente
oração santíssima, terei amizade juntamente com todo
o mundo, e todos me quererão bem, e de ninguém serei
aborrecido...
(Rezam-se todos os dias em lugar desta oração três
Pais-Nossos, três Ave-Marias, oferecidos à sagrada morte
e paixão de Nosso Senhor Jesus Cristo.)

Amém.

Oração a Santa Margarida
(Protetora das mulheres grávidas e de acidentes imprevistos, durante a gravidez)

Em nome do Pai, do Filho e do Espírito Santo. Deus de bondade e de misericórdia, que a todos nos criastes para a salvação eterna, que não quereis o mal de ninguém, peço-Vos confiantemente: dignai-Vos socorrer-nos pela intercessão de Vossa Santa Mártir Santa Margarida, cujas virtudes e sofrimentos glorificaram Vosso Nome, por Nosso Senhor Jesus Cristo.
Assim seja.
Repetir três vezes: Santa Margarida, protetora das mulheres grávidas, que se colocam sob vossa proteção, rogai por nós.
Santa Margarida, sede nossa advogada nas ocasiões difíceis.
(Rezar um Creio em Deus-Pai, um Pai-Nosso e uma Ave-Maria.)
N.B.: Esta oração deve ser rezada durante todo o período da gravidez.

Oração de Santa Maria Madalena

Favorecei-nos, Senhor, como Vos pedimos pelos merecimentos da bem-aventurada Santa Maria Madalena, de quem atendestes as súplicas, quando lhe ressuscitastes seu irmão Lázaro, morto havia quatro dias. Vós, que, sendo Deus, viveis e reinais com Deus Pai, na união do Espírito Santo, por todos os séculos dos séculos. Amém.

Oferecimentos

Ó Maria Madalena,
Tende de nós compaixão,
Recompensai nosso afeto
Com a vossa intercessão.

Ó vós, que tanto amastes
O Divino Salvador,
Pedi-lhe que se o ofendermos
Nos dê uma grande dor.

Sede, com Deus benigno,
Nossa constante advogada,
Na celestial morada.

Novena a Santa Marta
(Faz-se durante nove terças-feiras. Acende-se uma vela)

Ó Gloriosa Santa Marta, entrego-me confiante em vossas mãos, esperando o vosso amparo. Acolhei-me sob a vossa proteção, consolai-me nos meus sofrimentos. Em prova de meu afeto e devoção, ofereço-vos esta luz, que acenderei todas as terças-feiras desta novena.
Pela felicidade que tivestes de hospedar em vossa casa o Divino Salvador do mundo, consolai-me em minhas penas.
Intercedei hoje e sempre por mim e por minha família, para que tenhamos o auxílio de Deus Todo-poderoso, nas dificuldades da nossa vida.
Suplico-vos, gloriosa Santa, que, em vossa grande amizade e bondade, me consigais especialmente a graça que ardentemente vos peço e de que tanto preciso (faz-se o pedido).
Rogo-vos que me ajudeis a vencer todos os obstáculos que se apresentarem em meu caminho, com a mesma serenidade e fortaleza que tivestes ao transpassar o dragão que tendes aos vossos pés.
Amém, Jesus.
(Pai-Nosso, Ave-Maria, Glória ao Pai.)

Oração de São Martinho

São Martinho, vós que, cobrindo um mendigo com o vosso manto, agasalhastes o próprio Cristo, ajudai-me a desprender-me dos bens terrenos e a olhar para as necessidades e sofrimentos dos outros. Dai-me a virtude da compaixão, da bondade e da caridade para que me torne capaz de partilhar com os irmãos os meus bens materiais e também tenha a sensibilidade de repartir com os outros a oração, a fé, a esperança, o amor, a amizade e a alegria.

São Martinho, que de pagão que éreis, depois galgastes os degraus do sacerdócio, do episcopado e até as honras dos altares: lá do céu, olhai para mim e atendei o pedido que vos faço.

Ajudai-me em todas as minhas necessidades e não permitais que caia na miséria.

"Tudo aquilo que fizerdes a um desses meus irmãos mais pequeninos, a mim é que o fazeis."

São Martinho, rogai por nós.

(Pai-Nosso, Ave-Maria, Glória ao Pai.)

Oração de São Miguel Arcanjo – I
(Contra as ciladas do Demônio)

São Miguel Arcanjo, protegei-me nos combates, defendei-nos com o vosso escudo contra os embustes e ciladas do Demônio.

Deus o submeta, instantemente vos pedimos; e vós, ó Príncipe da milícia celeste, pelo divino poder, precipitai no inferno a Satanás e aos outros espíritos malignos que andam pelo mundo procurando perder as almas.

Amém.

Oração de São Miguel Arcanjo – II

São Miguel Arcanjo, que precipitastes no inferno a Lúcifer e aos outros espíritos malignos, expulsai da minha cabeça todos os maus pensamentos de ódio, raiva, vingança, sexo e outros pensamentos impuros e perversos.

São Miguel Arcanjo, que vossa espada cintilante arrede para longe de mim Satanás e todos os maus espíritos que querem prejudicar-nos no corpo e na alma. Sob a vossa poderosa proteção, nunca me deixarei contaminar pelo pecado de orgulho ou pela revolta contra Deus nem contra a santa Igreja Católica.

O São Miguel Arcanjo! Ó vós, todos os anjos bons e fiéis, defendei-me de dia, de noite, hoje e sempre. Por Nosso Senhor Jesus Cristo.

Amém.

Oração de São Miguel Arcanjo – III

Gloriosíssimo Príncipe dos exércitos celestes, São Miguel Arcanjo, defendei-nos no combate contra os principados e as potestades, contra os chefes das trevas do mundo, contra espíritos malignos espalhados pelos ares. Vinde em auxílio dos homens "que Deus fez à Sua imagem e semelhança, e resgatou com grande preço" da tirania do Demônio. A vós venera a Igreja como seu guarda e patrono.
A vós confiou o Senhor as almas remidas para colocá-las no lugar da suprema felicidade.
Rogai, pois, ao Deus de paz, que esmague o Demônio debaixo de vossos pés, arrancando-lhe todo o poder de reter os homens cativos, de causar danos à Igreja.
Ponde as nossas preces sob as vistas do Altíssimo, a fim de que se derramem quanto antes sobre nós as misericórdias do Senhor e se prenda o dragão, aquela antiga serpente, que é o Diabo e Satanás, para precipitá-lo acorrentado no abismo, de modo que nunca mais possa seduzir as nações.

Oração de Santa Mônica

Ó Santa Mônica, que pela oração e pelas lágrimas alcançastes de Deus a conversão de vosso filho transviado, depois santo, Santo Agostinho, olhai para o meu coração amargurado pelo comportamento do meu filho desobediente, rebelde e inconformado, que tantos dissabores causou ao meu coração e a toda a família.
Que vossas orações se juntem às minhas, para comover o bom Deus, a fim de que Ele faça meu filho cair em si e voltar ao bom caminho.
Santa Mônica, fazei com que o Pai do céu chame de volta à casa paternal o filho pródigo.
Dai-me esta alegria e eu serei sempre agradecida.
Santo Agostinho, rogai por nós.
Santa Mônica, atendei-me.

Amém.

Oração de Santo Onofre – I
(Protetor das solteiras e viúvas)

Meu glorioso Santo Onofre, bispo e arcebispo, confessor do meu Senhor Jesus Cristo, em Roma, fostes aos pés do Padre Santo, vos ajoelhastes, pedistes pão para as solteiras, pão para as casadas, pão para as donzelas, pão para as viúvas. Pedi para mim também, que sou sua inquilina.
(Repete-se três vezes.)
Meu glorioso Santo Onofre, em vos peço que me deis comida para comer, roupa para vestir, calçado para calçar, dinheiro para gastar, graças para vos servir.

Amém.
(Repete-se três vezes.)

Oração de Santo Onofre – II

Meu glorioso Santo Onofre, que pela Divina Providência fostes santificado e hoje estais no círculo da Providência Divina, confessor das verdades, consolador dos aflitos, vós – às portas de Roma –, viestes encontrar-vos com o meu Senhor Jesus Cristo e a graça pedistes que não pecásseis. Assim como lhe pedistes três, eu vos peço quatro. Meu glorioso Santo Onofre, peço-vos que me façais esta esmola para eu bem passar; vós, que fostes pai dos solteiros, sede também para mim; vós, que fostes pai dos viúvos, também sede de mim; vós, que fostes pai dos casados, também sede de mim; meu glorioso Santo Onofre, por meu Senhor Jesus Cristo, por sua Mãe Santíssima, pelas Cinco Chagas de Jesus, pelas Sete Dores de Nossa Santíssima Mãe Maria, pelas almas Santas Benditas, por todos os Anjos e Santos do céu e da Terra. Peço que me concedais a graça que vou pedir (pede-se o que se quer), meu glorioso Santo Onofre. Pela Sagrada Paixão e morte de Nosso Senhor Jesus Cristo, pela Santa Cruz em que morreu, pelo sangue de Assis, peço-vos que impetreis essas graças de que tanto necessito. E espero que serei atendido neste espaço de 40 dias, ouvindo o que dissestes com a vossa sagrada boca.
Amém, Jesus.
Quem esta oração fizer não terá fome, nem sede, nem desgosto, não padecerá angústias, nem lhe faltará dinheiro.
(Reza-se por nove dias esta oração, acompanhada de nove Pais-Nossos, nove Ave-Marias e nove Glória ao Pai, que alcançarão tudo quanto se deseja neste e no outro mundo, rezando em frente da dita imagem.)

Oração de Santo Onofre – III

Ó Santo Onofre, que pela fé, penitência e força de vontade vencestes o vício do álcool, concedei-me a força e a graça de resistir à tentação da bebida. Livrai-me do vício, que é uma verdadeira doença, também os meus familiares e os meus amigos.
Abençoai os "Alcoólicos Anônimos", para que conservem firme o seu propósito de viver afastados da bebida e de ajudar os seus semelhantes a fazer o mesmo. Virgem Maria, mãe compassiva dos pecadores, socorrei-nos!

Santo Onofre, rogai por nós!

Oração de São Paulo

Ó grande apóstolo São Paulo! Vendo que vós éreis mais forte do que o veneno das cobras, os pagãos vos julgaram um deus. Na verdade vós não éreis Deus, mas estáveis intimamente unido a Deus. Tanto que uma vez afirmastes: "Já não sou eu que vivo, mas é Cristo que vive em mim!"
São Paulo, ajudai-me a viver tão unido a Deus pela oração, pelo pensamento e pela graça santificante que me torne capaz de vencer o veneno da inveja, da mentira, da calúnia, do malquerer, das palavras maliciosas, das línguas envenenadas, das pessoas maldosas, invejosas e caluniadoras.
Livrai-me também do veneno das cobras e de todos os animais peçonhentos.
Eu confio que, com a graça de Deus e a bênção de São Paulo, serei capaz de vencer o efeito maléfico do veneno, da ação diabólica da serpente infernal e de qualquer outra maldade.

São Paulo, livrai-me de todo o mal.

Oração de São Pedro

São Pedro, a vossa fraqueza humana vos levou a negar por três vezes o bom Mestre; mas as vossas lágrimas de arrependimento vos alcançaram o perdão.
Ó grande santo, dai-me a graça de vencer as minhas fraquezas humanas e fazei que a vossa fé e o vosso amor para com Cristo sejam para mim o estímulo que me leva a vos imitar. E assim, imitando-vos na fé e no amor a Cristo, tenho a certeza de que, quando eu morrer, vós havereis de me receber de braços abertos na porta do Reino do Céu.
São Pedro, abençoai o papa, protegei toda a Igreja, confirmai os irmãos na fé.

Amém.

Oração de São Peregrino

Glorioso santo, que, obedecendo à voz da graça, renunciastes, generosamente, às vaidades do mundo para dedicar-vos ao serviço de Deus, de Maria Santíssima e da salvação das almas, fazei que nós também, desprezando os falsos prazeres da Terra, imitemos o vosso espírito de penitência e mortificação.
São Peregrino, afastai de nós a terrível enfermidade, preservai-nos a todos nós desse mal, com vossa valiosa proteção. São Peregrino, livrai-nos do câncer do corpo e ajudai-nos a vencer o pecado, que é o câncer da alma. São Peregrino, socorrei-nos, pelos méritos de Jesus Cristo Nosso Senhor.

Amém.

Oração de Santa Prisciliana

Gloriosa Prisciliana, minha amada protetora, ensinai-me e fazei-me praticar cada dia um verdadeiro e agradável obséquio! Virgem Mártir, impetrai-me a graça de que necessito, para que vos imite como devo e obtenha o ardente desejo dos prazeres eternos.

Amém.

Oração de São Rafael

Poderoso arcanjo São Rafael, vós que estais sempre vigilante diante da face do Deus Altíssimo, que vos dignastes orientar Tobias para chegar a um feliz casamento, que nos prevenistes que o demônio Asmodeu, que fez morrer os sete noivos de Sara, ainda hoje se intromete nas famílias que se afastam dos mandamentos de Deus e este espírito maligno desmancha a felicidade do casal e desune os membros da família, eu vos peço: guiai os jovens namorados, orientai os casais de noivos para que cheguem a um feliz casamento; sede sentinela vigilante à porta de todos os lares cristãos para impedir a entrada do mau espírito da desconfiança, da desarmonia, da discórdia, da infidelidade, do ciúme e do ódio.

São Rafael, fazei reinar em nossas famílias o amor, o respeito e a compreensão entre esposo e esposa e entre pais e filhos; fazei florescer a verdadeira felicidade em todos os lares.

São Rafael, abençoai-nos e defendei-nos.

Amém.

Oração a Santa Rita de Cássia – I

Ó Santa Rita, advogada nas causas urgentes, solução para os problemas insolúveis, socorro nos casos desesperados! Eis aos vossos pés uma alma desamparada e amargurada que precisa do vosso auxílio e de vossa proteção. Não permitais que eu tenha de me afastar de vós sem ser atendida. Ó Santa Rita, intercedei junto a Deus para que Ele me conceda a graça de que tanto necessito (nomear a graça). Ó grande santa, por vosso intermédio, espero tranquilamente receber a graça que peço.
Santa Rita, advogada dos impossíveis, rogai por nós.

Amém!

Oração a Santa Rita de Cássia – II

Ó poderosa Santa Rita, advogada em toda a causa urgente, escutai benigna as súplicas de um coração angustiado e dignai-vos alcançar-me a graça de que tanto necessito.
(Pai-Nosso, Ave-Maria, Glória ao Pai.)

Oração
(Reza-se todos os dias, depois do Glória ao Pai.)

Deus, que vos dignastes conferir a Santa Rita tamanha graça que, havendo ela vos imitado no amor aos inimigos, trouxe no coração e na fronte os sinais de vossa caridade e sofrimento, concedei, nós vô-lo suplicamos, que pela sua intercessão e merecimento amemos os nossos inimigos e, com espírito de compunção, perenemente contemplemos as dores de vossa paixão e mereçamos receber a recompensa prometida aos mansos e humildes de coração.
Por Nosso Senhor Jesus Cristo.
Amém.
Ó poderosa Santa Rita, advogada nos casos desesperados, confiante no poder de vossa intercessão, a vós recorro. Dignai-vos abençoar minha firme esperança de obter, por vossa intercessão, a graça de que tanto necessito.
(Pai-Nosso, Ave-Maria, Glória ao Pai.)
Ó poderosa Santa Rita, socorro de última hora, a vós recorro cheio de fé e amor, já que sois meu último refúgio nesta aflição. Intercedei por mim, e vos hei de bendizer por toda a eternidade.
(Pai-Nosso, Ave-Maria, Glória ao Pai.)

Oração a Santa Rita de Cássia – III

Senhor, por Vossa infinita misericórdia, merecimentos e intercessões da gloriosa Santa Rita, eficazmente nos socorrei, para que sejamos livres de todos os males do corpo e da alma, concedendo-nos o que humildemente Vos pedimos, por Nosso Senhor Jesus Cristo.

Amém.
(Pai-Nosso, Ave-Maria, Glória ao Pai.)

Oração de São Roberto

Diviníssimo Verbo, que tomou a forma humana e entre nós habitou, nascendo da puríssima Virgem Maria, pela sua puríssima imaculada mãe dos anjos e de todos os santos, principalmente dos apóstolos e evangelistas São João, São Mateus, São Marcos e São Lucas, digne-se livrar de toda a infestação do Demônio a seus ministros. Assim o pedimos a este Senhor que com o Pai Eterno e Espírito Santo vive e reina por todos os séculos.

Amém.

Rogai por nós, gloriosíssimo Roberto, para que sejamos livres de malefícios.

Oremos

Eterno e Onipotente Deus, que levantais o pobre da terra para que possua o trono da glória e com humildade confundis a vaidade da soberba, que no mundo introduziu o primeiro homem, nós Vos pedimos, Pai, Senhor, que nos concedais que, assim como o bem-aventurado São Roberto, Vosso confessor, Vos aclamemos admirável nas vitórias contra o campeão da soberba.

Com o exemplo da sua virtude e a ajuda da sua oração, imitando a sua pobreza e a humildade, triunfemos das astúcias do Demônio.

Amém.

Nós vo-lo pedimos por Vosso santíssimo filho Cristo Jesus Senhor Nosso, que Convosco e com o Espírito Santo vive e reina por todos os séculos dos séculos.

Amém.

Oração a São Roque

São Roque, não levando em conta o perigo do contágio da peste, vos dedicastes de corpo e alma ao cuidado dos doentes, e Deus, para provar vossa fé e confiança, permitiu que contraísseis a doença. Mas este mesmo Deus, no abandono da vossa cabana, no bosque, por meio de um cão, vos alimentou de um modo milagroso e também milagrosamente vos curou.
Protegei-me contra as doenças infecciosas, livrai-me do contágio dos bacilos, defendei-me da poluição do ar, da água e dos alimentos.
Enquanto eu estiver saudável, prometo-vos rezar pelos doentes dos hospitais e fazer o possível para aliviar as dores e os sofrimentos dos enfermos, para imitar a grande caridade que vós tivestes para com os vossos semelhantes.
São Roque, abençoai os médicos, fortalecei os enfermeiros e atendentes dos hospitais, curai os doentes, defendei os que têm saúde contra o contágio e a poluição.
São Roque, rogai por nós.

Oração de Santa Rosália

Ó Santa Rosália, vós, pela penitência e pela oração, alcançastes a santidade e chegastes a uma amizade tão grande com Deus que conseguistes d'Ele o poder de interceder a favor dos homens, especialmente no sentido de afugentar doenças e epidemias.

Ó grande Santa, vede a dor e o sofrimento de tantos doentes! Socorrei os pobres que não têm assistência médica nem dinheiro para comprar remédios. Intercedei junto a Jesus, amigo dos pobres e doentes, para que Ele cure os nossos males, afaste de nós as moléstias e faça voltar a saúde plena e a alegria de viver.

Dai-nos uma vida sadia e uma grande disposição de louvor a Deus Pai, autor da vida; de agradecer a Deus Filho, o Divino Médico; de implorar ao Espírito Santo que aquece os corações e de confiar na Virgem Maria, Nossa Senhora da Saúde.

Santa Rosália, em vossas mãos confio meu bem-estar, minha saúde e a saúde de todos os meus semelhantes.

Amém.

Oração a São Sebastião – I

Onipotente e eterno Deus, que pela intercessão de São Sebastião, Vosso glorioso mártir, encorajastes os cristãos encarcerados e livrastes cidades inteiras do contágio da peste, atendei às nossas humildes súplicas, socorrei-nos em nossas necessidades, aliviai-nos das angústias, reanimai os encarcerados, curai os doentes, livrai-nos do contágio.
Pelos méritos de São Sebastião, atendei-nos, Senhor.

Amém.

Oração a São Sebastião – II
(Para se obter a paz e a concórdia entre os homens; preservar dos males da peste, das guerras, das revoluções)

Glorioso mártir São Sebastião, valoroso soldado de Cristo, valente militar das hostes de Nosso Senhor Jesus Cristo. Corajoso defensor do Santo Nome de Jesus, Salvador da humanidade.
São Sebastião, que, pela vossa ardente fé em Jesus, enfrentastes as iras do imperador romano, suportando as torturas que vos infligiram vossos algozes e morrestes amarrado ao tronco de uma laranjeira, cravado de flechas, a vós eu dirijo minhas orações, confiando em vossos merecimentos perante Deus Criador Todo-poderoso.
São Sebastião, peço-vos paz e concórdia entre os homens. Vós que derramastes vosso generoso sangue em prol da fé cristã, que jamais recuastes nos combates, no cumprimento do dever, sede propício ao meu pedido.
A guerra ensinou-vos a amar a paz e por isso sois agora o patrono dos que desejam paz e harmonia na Terra.
São Sebastião, que tanto sofrestes em vosso suplício, sois o protetor da humanidade, o preservador da saúde, o médico que cura as feridas do corpo e da alma. Afastai de nós as epidemias, as pestes, as doenças contagiosas, as dores físicas e morais.
São Sebastião, guerreiro destemeroso, rogai por nós.
São Sebastião, glorioso mártir de Cristo, amparai-nos.
São Sebastião, protegei-nos.
(Rezar um Creio em Deus-Pai e um Pai-Nosso.)

Oração de São Simeão Estilita
(Advogado contra os raios)

Deus Onipotente, que ao Vosso servo São Simeão Estilita destes tantas graças que mereceu persistir muitos anos sobre uma coluna recebendo sustento da Vossa Providência, permiti que, por Vossa intercessão, mereçamos viver e morrer na Vossa graça.

Amém.

Oração a Santa Teresinha do Menino Jesus – I

Ó Santa Teresinha, branca e mimosa flor de Jesus e Maria, que embalsamais o Carmelo e o mundo inteiro com o vosso suave perfume, chamai-nos, e nós correremos convosco, ao encontro de Jesus, pelo caminho da renúncia, do abandono e do amor.

Fazei-nos simples e dóceis, humildes e confiantes para com o nosso Pai do céu. Ah! não permitais que O ofendamos com o pecado.

Assisti-nos em todos os perigos e necessidades; socorrei-nos em todas as aflições e alcançai-nos todas as graças espirituais e temporais, especialmente a de que estamos precisando agora.

Lembrai-vos, Santa Teresinha, que prometestes passar o vosso céu fazendo o bem à Terra, sem descanso, até ver completo o número dos eleitos.

Ah! cumpri em nós a vossa promessa: sede nosso anjo protetor na travessia desta vida e não descanseis até que nos vejamos no céu, ao vosso lado, cantando as ternuras do amor misericordioso do Coração de Jesus.

Amém.

Oração a Santa Teresinha do Menino Jesus – II

Santa Teresinha, vós que fostes a pequenina flor de Jesus, do Carmelo, dai aos vossos devotos a paz, a saúde, a bondade, a humildade. Que eles enxerguem o mundo com vossos olhos de amor, como vós o fizestes, no vosso tempo.
Fazei com que todos sejam mais caridosos, mais religiosos, assim como vós fostes, e que jamais aqueles que em vós creem se afastem da santa mãe, a Igreja, alcançando-lhes todas as graças pedidas.

Amém.
(Rezar um Pai-Nosso, uma Ave-Maria e um Glória ao Pai.)

Oração ao Apóstolo São Tomé
(Para obter um esclarecimento em caso
ou negócio difícil ou duvidoso)

Em nome do Pai, do Filho e do Espírito Santo. Glorioso Apóstolo São Tomé, que, depois de haverdes duvidado da ressurreição de Nosso Senhor Jesus Cristo, obtivestes a graça de tocar com as vossas mãos as chagas sacratíssimas do corpo de Nosso Senhor Jesus Cristo, que então vos disse: "Bem-aventurados os que não viram e creram", eu vos peço, humildemente, a graça de obterdes da misericórdia do Senhor as luzes para meu espírito. Desejo e peço-vos, São Tomé, o auxílio de que necessito neste momento. Protegei-me e inspirai-me, São Tomé, apóstolo mártir. (Fazer uma pausa aqui e meditar sobre o assunto a respeito do qual existem dúvidas.)
Pelo sangue de Nosso Senhor Jesus Cristo.

Assim seja.
(Pai-Nosso, Creio em Deus-Pai, Ave-Maria.)

Oração a São Valentim

Ó Jesus Cristo, Salvador nosso, que viestes ao mundo para o bem das almas dos homens, mas que fizestes tantos milagres para dar saúde ao corpo, que curastes cegos, surdos, mudos e paralíticos; que curastes o menino que sofria de ataques e caía na água e no fogo; que libertastes aquele que se escondia entre os túmulos do cemitério; que expulsastes os maus espíritos dos possessos que espumavam; peço-Vos, por intermédio de São Valentim, a quem destes o poder da cura aos que sofrem desmaios e ataques, livrai-os da epilepsia.
São Valentim, peço-vos especialmente que restituais a saúde a ... (dizer o nome do doente). Fortalecei-lhe a fé e a confiança.
Dai-lhe coragem, ânimo e alegria nesta vida para que possa render-vos graças a vós, São Valentim, e adorar a Cristo, o divino médico do corpo e da alma.
São Valentim, rogai por nós.

Oração de Santa Verônica

Ó Santa Verônica, vosso coração compadecido diante do rosto de Jesus, ferido e ensanguentado, vos tornou corajosa e forte a ponto de enfrentar a resistência dos cruéis carrascos que escoltavam o Divino Mestre.
A vossa coragem e o vosso amor foram aceitos e correspondidos por Jesus, que vos deixou a Sua imagem impressa na toalha. Eu vos quero imitar, enxugando o rosto de Jesus com minhas orações e boas obras.
Santa Verônica, ajudai-me a ver Jesus sofredor no rosto macilento dos pobres, na face pálida dos doentes e no semblante sombrio e descrente dos pecadores.
Quero ajudar esses meus irmãos com aquele amor e carinho com que vós, Santa Verônica, enxugastes e acariciastes o rosto do Salvador.
Santa Verônica, dai-me muito amor por Jesus e muita dedicação a meus irmãos pobres, doentes e transviados.
Santa Verônica, rogai por nós.

Amém.

Oração de São Vicente de Paulo – I

São Vicente de Paulo, vós que dedicastes a vida inteira aos pobres e encarcerados, lá do céu, dirigi o vosso olhar caridoso para os pobres e auxiliai-os em suas necessidades.
Socorrei os encarcerados, privados de sua liberdade.
Aliviai os seus sofrimentos, abreviai a sua pena.
Não permitais que o desânimo entre em seu coração.
Infundi-lhes pensamentos positivos.
Abrandai-lhes os sentimentos de ódio, rancor e vingança.
Ajudai-os a perdoar àqueles que lhes fizeram algum mal.
Esclarecei os seus advogados, as testemunhas e o próprio juiz, a fim de que encontrem argumentos e motivos suficientes para apressar o dia de sua liberdade.
Ó São Vicente! Abri as portas das cadeias!
Libertai os apenados e depois acompanhai-os na liberdade, com vossa graça; orientai-os na prática do bem; iluminai o seu caminho para que nunca mais retornem à cadeia.
São Vicente, ajudai os pobres e libertai os apenados.

Amém.

Oração a São Vicente de Paulo – II
(Oração dos pobres)

São Vicente, que tanto vos compadecestes dos pobres, eu vos peço, olhai para mim! Sou pobre. Estou passando necessidades.

O dinheiro é curto e nunca chega para comprar tudo o que necessito. Precisaria comprar mais comida, mais roupa, trocar meus sapatos velhos; falta roupa de cama; seria necessário comprar algumas telhas para tirar as goteiras da casa e algumas mata-juntas para fechar as frestas por onde passa o vento frio do inverno. Tomo chá, porque não posso comprar remédio.

São Vicente! Sou pobre, mas tenho fé! Há gente mais pobre do que eu: são aqueles que não têm fé, porque esses têm a alma vazia.

São Vicente, conservai minha riqueza, que é a fé; mas eu vos peço, aliviai também a minha pobreza.

Ajudai-me a adquirir pelo menos o necessário para me alimentar bem, para me vestir honestamente e comprar os remédios que conservam a saúde e as forças necessárias para fazer bem os meus trabalhos e cumprir as minhas obrigações, e assim poder ser útil à minha família e a todos os que precisarem de minha ajuda.

Assim seja.

Oração a São Vicente de Paulo – III
(Oração do apenado)

Ó meu protetor, São Vicente de Paulo! Vós que experimentastes o aperto das algemas e dos grilhões e sofrestes torturas e maus-tratos, desprezo, abandono, falsas acusações, injustiças e privação da liberdade; lá do céu volvei o vosso olhar para mim; estendei-me a vossa mão amiga e socorrei-me, porque estou sofrendo atrás das grades desta prisão!
Se errei, eu já estou arrependido e me disponho a começar uma vida nova. Por isto, São Vicente, eu vos peço: esclarecei o advogado que defende a minha causa, iluminai o juiz que vai julgar-me e, se for condenado, comovei o coração das autoridades para que eu possa sair desta cela mal arejada, esquecer estes longos e escuros corredores e livrai-me dos olhares frios e desconfiados dos agentes penitenciários.
São Vicente, eu vos peço que abençoeis os meus pais e todos os meus familiares. Fazei que eles compreendam a minha situação. Se meu comportamento os entristeceu e lhes causou constrangimentos e dificuldades, movei-lhes o coração para que me perdoem. Se eu prejudiquei os meus semelhantes, peço a eles e ao bom Deus, que é Pai, o perdão e misericórdia.
Meu Senhor, Jesus Cristo, Vós dissestes: "Perdoa ao teu

inimigo! Faze bem a quem te faz mal!" Eu Vos peço que me deis a força necessária para perdoar todos aqueles que me prejudicaram. Ajudai-me a esquecer todas as injustiças que me fizeram.
Meu Senhor, Jesus Cristo! Tenho a certeza de que Vós não me abandonastes porque Vós Vos identificastes com os detentos e prometestes a bem-aventurança eterna àqueles que visitassem os presos, ao afirmar: "Estive preso e me visitastes... porque todas as vezes que fizestes isto a um dos meus irmãos, foi a mim que o fizestes". Meu Jesus, Vós me chamastes de irmão. Isto me anima e me dá força para carregar a minha cruz.
São Vicente, não vos esqueçais dos meus companheiros de cela e de todos aqueles que nesta prisão estão sofrendo tanto quanto eu estou sofrendo.
São Vicente de Paulo, protetor dos apenados!
Rogai por nós.
Nossa Senhora, refúgio dos pecadores! Rogai por nós.
Nossa Senhora, auxílio dos cristãos! Rogai por nós.
Nossa Senhora do Perpétuo Socorro! Rogai por nós.
Nossa Senhora consoladora dos aflitos! Rogai por nós.
Nossa Senhora do Desterro! Rogai por nós.
Nossa Senhora dos Impossíveis! Rogai por nós, ajudai-nos e socorrei-nos.

Amém.

Oração de São Vito

Ó glorioso São Vito! Vós suportastes, com calma e serenidade, as ameaças e insultos do vosso próprio pai e as perseguições dos pagãos.
Até nas torturas do martírio conservastes uma tranquilidade imperturbável.
Olhai para mim, pobre servo e devoto vosso. Vede a que estado nervoso me reduziram o cansaço, o esgotamento, a ansiedade e a depressão.
A insônia me priva do descanso da noite, qualquer contrariedade me irrita e me enerva. Palavras ríspidas e descaridosas me escapam da boca, contra a minha vontade. Por vezes os meus pensamentos se descontrolam e me torno incapaz de coordenar as minhas ideias. Até as minhas mãos se tornam trêmulas.
Toda esta situação me deixa prostrado, desanimado, aflito e incapaz de reagir diante das dificuldades e dos problemas que surgem na minha família, no meu trabalho e no convívio com as pessoas.
Querido São Vito! A vós recorro porque em vós eu vejo uma esperança para a minha saúde, uma luz para a minha vida.
Sinto que a vossa proteção me reanima na minha fraqueza. De vós espero alívio na minha aflição, calma nos momentos de irritação, enquanto espero o equilíbrio

na perturbação, força de vontade para superar tudo o que é negativo. A vossa bênção me dará um pensamento positivo, paz, segurança, tranquilidade.
Ó glorioso São Vito! Que vossa proteção faça reviver a minha esperança em um poder superior. Que a vossa intercessão aumente a minha fé em Deus, Pai de amor; que fortaleça a minha confiança em Deus, Filho e Salvador; que reanime a minha segurança em Deus, Espírito Santo Consolador.
São Vito, eu vos peço fortaleza no desânimo, luz na dúvida, clareza na confusão e calma nas contrariedades.
São Vito, São Vito! Socorrei um coração aflito!

Amém.

Oração a Santa Zita

Ó Santa Zita, que no humilde trabalho doméstico soubestes ser solícita como foi Marta, quando servia Jesus, em Betânia, e piedosa como Maria Madalena, aos pés do mesmo Jesus, ajudai-me a suportar com ânimo e paciência todos os sacrifícios que me impõem os meus trabalhos domésticos; ajudai-me a tratar as pessoas da família que sirvo, como se fossem meus irmãos.
Ó Deus, recebei o meu trabalho, o meu cansaço e minhas tribulações, e pela intercessão de Santa Zita, dai-me forças para cumprir sempre os meus deveres, para merecer o reconhecimento dos que sirvo e a recompensa eterna no céu.
Santa Zita, ajudai-me.

Amém.

MADRAS® Editora — CADASTRO/MALA DIRETA

Envie este cadastro preenchido e passará a receber informações dos nossos lançamentos, nas áreas que determinar.

Nome _____
RG _____ CPF _____
Endereço Residencial _____
Bairro _____ Cidade _____ Estado ____
CEP _____ Fone _____
E-mail _____
Sexo ❏ Fem. ❏ Masc.   Nascimento _____
Profissão _____ Escolaridade (Nível/Curso) _____

Você compra livros:
❏ livrarias   ❏ feiras   ❏ telefone   ❏ Sedex livro (reembolso postal mais rápido)
❏ outros: _____

Quais os tipos de literatura que você lê:
❏ Jurídicos   ❏ Pedagogia   ❏ Business   ❏ Romances/espíritas
❏ Esoterismo ❏ Psicologia ❏ Saúde   ❏ Espíritas/doutrinas
❏ Bruxaria   ❏ Autoajuda   ❏ Maçonaria ❏ Outros: _____

Qual a sua opinião a respeito desta obra? _____
_____

Indique amigos que gostariam de receber MALA DIRETA:
Nome _____
Endereço Residencial _____
Bairro _____ Cidade _____ CEP _____

Nome do livro adquirido: <u>Grande Livro de Orações</u>

Para receber catálogos, lista de preços e outras informações, escreva para:

MADRAS EDITORA LTDA.
Rua Paulo Gonçalves, 88 – Santana – 02403-020 – São Paulo/SP
Tel.: (11) 2281-5555 – (11) 98128-7754
www.madras.com.br

MADRAS® Editora
CADASTRO/MALA DIRETA

Envie este cadastro preenchido e passará a receber informações dos nossos lançamentos, nas áreas que determinar.

Nome _____
RG _____ CPF _____
Endereço Residencial _____
Bairro _____ Cidade _____ Estado ___
CEP _____ Fone _____
E-mail _____
Sexo ❑ Fem. ❑ Masc.   Nascimento _____
Profissão _____ Escolaridade (Nível/Curso) ____

Você compra livros:
❑ livrarias   ❑ feiras   ❑ telefone   ❑ Sedex livro (reembolso postal mais rápido)
❑ outros: _____

Quais os tipos de literatura que você lê:
❑ Jurídicos   ❑ Pedagogia   ❑ Business   ❑ Romances/espíritas
❑ Esoterismo   ❑ Psicologia ❑ Saúde   ❑ Espíritas/doutrinas
❑ Bruxaria   ❑ Autoajuda   ❑ Maçonaria   ❑ Outros:

Qual a sua opinião a respeito desta obra? _____
_____

Indique amigos que gostariam de receber MALA DIRETA:
Nome _____
Endereço Residencial _____
Bairro _____ Cidade _____ CEP _____

Nome do livro adquirido: *Grande Livro de Orações*

Para receber catálogos, lista de preços e outras informações, escreva para:

MADRAS EDITORA LTDA.
Rua Paulo Gonçalves, 88 – Santana – 02403-020 – São Paulo/SP
Caixa Postal 12183 – CEP 02013-970 – SP
Tel.: (11) 2281-5555 – Fax.:(11) 2959-3090
www.madras.com.br